2030年
の 教 科 書

今日から始めよう
能動アウトプット術

CEOセオ
佐藤俊介

光文社

プロローグ

「勉強して、良い大学に入り、安定した大企業に勤めて定年までそこで働き抜く」

若い読者の方にも、いまだに将来のことをこんな風に考えている人がいるかもしれません。

私はそういう考えを否定するつもりは全くありません。ただ、毎日のニュースなどに触れる中で、そんなレールの敷かれた人生を歩むことが難しい、不確実な世界がやってきていることに、気づいている人も多いでしょう。

今まさに始まり、約10年後の2030年には完全に訪れている未来、それは若者から仕事を引退したお年寄りまで、誰もが表現者となる時代です。大企業などの組織ではなく、個人が発信する「能動アウトプット」こそが世の中を動かす、「1億総アーティスト時代」が訪れているのです。

「能動アウトプット」という言葉はみなさん初めて聞いたかと思いますが、これは私が独自に使っている言葉です。その名の通り、自分から能動的に、積極的に発信していくアウトプットを指していますが、ポイントは「新たな体験やプロセスを得ることができるアウトプット」であるかどうかということです。通常のアウトプットにはインプットされてきたものを形を変えて出力するイメージがありますが、そこには出力した人の興味や関心、意思といった主体性がありません。例えば学校のテストなどを考えてみると

わかりやすいですが、勉強というインプットを回答というアウトプットにする際、そこで必要となるのは個人の意思ではなく、正解という基準に合わせて形を整えるスキルです。

「能動アウトプット」はそうではなく、まずは自分の意思や興味や関心があって、それをとにかくアウトプットという形にしてみる。「アウトプット・ファースト」でアウトプットが芋づる式に興味や関心を深める行動や体験、プロセスというインプットにつながり、あなたオリジナルのスキルがついてくるという考え方です。

　この本で述べられている「アウトプット」という言葉は、基本的にはこの「能動アウトプット」を指しています。

　私は24歳からインターネットの世界で起業し、会社の売却を繰り返したり、IPOを経験したり、海外に住んだり、大企業の取締役もやったり、またアーティストCEOセオとして作詞して歌を歌っていたり……とレールのない、自分で切り拓いた道を歩んできました。

　もちろん失敗や苦い経験もしてきましたが、それも含めて自分のやりたいことに挑戦できていて、めちゃくちゃエキサイティングな人生です。

　だけどそれは私が他の人と比べて特別だとか、勉強をしてきたとか、そんなことではないんです。ただ一点、他の人より「能動アウトプット」をしてきた、シンプルにただそれだけなんです。

　これからの未来を生きる高校生のみなさんにも、同じように自分の人生を目一杯楽しんでほしい、そんな思いから私の最大の武器であるアウトプット術についての教科書を

書きました。

　実を言えば、私自身、大学を卒業し、会社に勤めたあとに起業するまでは、完全に敷かれたレールの上を歩んでいました。

　大学は建築学部でしたが、入学した理由は両親から手に職を付けられると勧められたから。そんな理由で入学したので設計や模型を作ることがどうしても好きになれず、大学卒業後は建築とは異なる世界へ就職することにしました。

　志望したのは広告代理店。理由は友達が面白そうだと言っているのを聞いたから。今考えると大学への進学も就活も流されまくっていました（笑）。

　大学で建築デザインを勉強していたので、応募職種は同じクリエイティブ領域のコピーライター。ひたすら大手の広告代理店を中心に受け続けました。でも結果は全滅。就職が決まらないまま半年後には卒業を控えた秋、後がない私は、採用が残っていた広告会社は広告会社でもインターネット広告の代理店という、当時はあまり馴染（なじ）みのないニッチな会社の募集に申し込みました。それまでコピーライターの職種で就活をしていましたが、当時のインターネット広告代理店にはそもそもクリエイティブの職種がなかったのです。今でこそウェブデザイナーとかありますけどね。そのため営業としてエントリーし、これまでやってきた特殊なバイト経歴（笑）を懸命に話したところ無事採用。今でこそインターネットの領域で何社も起業していますが、インターネットビジネスとの関わりはこんな意思のない形で始まりました。

　営業として働き始めると、特殊バイトの実績か（実は学生時代は牛乳の訪問営業のアルバイトをやっており、関東でもトップクラ

スの成績を収めていたのです！）かなり売上を伸ばすことができました。そしてすごく自信がついて行動が変わっていったんです。このとき大きな気づきがありました。もともと振り返れば、なぜコピーライターになりたかったのか？　それは大学の専攻が建築でデザインだったから。ただそれだけです。別に結果を出していたわけでもなく、ただ専攻していたという理由なだけです。それよりも学生時代に好成績を出してきた訪問販売の営業の方が遥かに私にとって役に立ちました。でも大抵の人は結果云々より「やってきたこと」を重視してしまいます。私はこれが向いている、と勘違いしていることもあるのかもしれないのです。大切なことは「自分は一体どんなことで結果を残せるのか」ということ。ちなみにこの訪問営業のアルバイトも志望動機はなくて、どこもバイトに受からなくて、たまたま受かったのがこのバイトだけだったんです（笑）。これまで敷かれたレールを歩んできた私ですが、こういう偶然の重なりによって得られた体験から「何事もやってみないと自分が何で結果を出せるのかわからない」という気づきに変わりました。アウトプット術に通じる、とりあえずやってみてから考えるというマインドセットの基礎になる経験です。

　その会社で２年間のサラリーマン生活を経て、同僚に誘われ独立。社長ではありませんでしたが、共同創業者で副社長として初めての起業でした。が、それからはお金の苦労の連続。半年間給料が出なかったり、社長の借金を払うために消費者金融でお金を借りたり、怖い人に取り立てられたり、仕事以外でもいろいろありました。

　そんな生活を３年ほど続け、会社の経営が軌道に乗り、

今度は自分自身で会社を興そうと決意。そのタイミングで私が大病を患ってしまい、ヒトなし・モノなし・カネなし・健康なしでしたが、この会社は私のすべてを投じた命がけのアウトプットでした。やっている仕事はサラリーマン時代から変わりませんでしたが、当事者意識が全く違い、がむしゃらに働いて半年ほどで会社の経営を軌道に乗せることができました。

　本業で余裕は出てきましたが、もっと会社の資産となるような事業を積み上げていきたいと思い、アパレル業にも進出。メーカーとして販売店などを介せず、ユーザーと直接つながるにはどうすれば良いか考えている中で、2010年当時にSNSでは最も勢いのあったFacebookでの活動に力を入れました。完全にD2C（ブランドと消費者がダイレクトにつながるビジネスモデル）の走りであったと思います。その結果、アジア各国のファッション感度の高い人に注目してもらえ、ファン数は200万人超え。当時、ファッションブランドだけではなく、日本企業全体で見てもぶっちぎり１位の数字です。

　また、Facebookに力を入れていく中で、当時はファン分析の機能がFacebookにはなく、分析ツールを提供する会社を立ち上げました。その会社は東南アジアで唯一、Facebook公認パートナー認定を取得。「Facebookをアジアで一番理解している男」と、Facebook創業者のマーク・ザッカーバーグに直接紹介されたこともありました。

　そんな風に、私の場合は幸運に助けられながらも、学生時代のアルバイト体験をアウトプットしてから芋づる式に、起業などのアウトプットにつながっていったのです。

とはいえ、アウトプットは起業のことだ、なんて身構えなくても大丈夫。自分の考えを書いたり、SNSで発信することも立派なアウトプットです。私は自分が起業するまでこのアウトプットの力に気づきませんでしたが、親に勧められて大学に進学する前、高校生のときにこのことを知っていれば人生は全然違ったものになっていたのではないかと思っています。

　この本を読んで書き込みをすれば、アウトプットはすぐに実践できます。一歩目こそ大変かもしれませんが、一歩踏み出しさえすれば自分をどんどん知らない世界に連れて行ってくれる強い力を持っています。アウトプットの力を挙げればキリがありません。仲間が見つかり、学びが深まり、自分を知り、興味の幅が広がり、誰かを喜ばせることができたり……。私の体験からも言えるのはやればわかるということです（笑）。とにかく一歩踏み出してください。

　この本は高校生から実践できるように書きましたが、もちろん、高校生じゃなくても大丈夫ですよ！　先ほども書いたように、お年寄りだって表現者として若者と同じフィールドに立たないといけない時代、始めるのに遅すぎることはありません。人生100年と言われている中、新しいことを始めなきゃつまらないし、常に自分をアップデートしていかなければどんどん取り残されてしまいます。

　自分の人生を生きるための「能動アウトプット」を早速始めてみましょう。

目次

\ PART /

1

学校では教えてくれない アウトプット術

\ PART /
2
実践アウトプットドリル

この本の使い方

　この本は2つのパートに分かれています。

　前半のPART1が能動アウトプットについてのマインドセットと理論、後半のPART2がドリル形式の実践集です。

　能動アウトプットに秘訣(ひけつ)はありません。

　とにかく、アウトプットをする、続けることが一番の近道です。ただ、そうはいっても何から始めれば良いのか？どんなことをすれば良いのか？　そんな疑問を持つ方も多いと思います。そういった方はぜひPART1を読んで、アウトプットに対するマインドセットを意識してみてください。

PART2のドリルの進め方

　PART2ではどれも一生をかけて追求するような、だけど誰もが関わりのあるテーマについて、現時点での私のアウトプットを掲載しています。

　これらの言葉を手掛かりに、「OUTPUT①」に自分の意見や感想を書いてみてください。

　難しいテーマもあるかもしれませんが、一言だけでも言葉にしてみましょう。

　意見や感想も立派なアウトプットです。

そして意見や感想が書けたら、さらに先に進んで、その
テーマを深めるために、どんな行動ができるか、「OUTPUT
②」を考えてみてください。

　すぐに行動が思い浮かぶアウトプットが書けるようにな
れば、それを実践することでどんどん経験を積んでいくこ
とができます。

　この考え方が身につけば、自分が何かやりたくなった瞬
間には、すぐにそのための行動を一歩踏み出せるように
なっているはずです。

　そして……。

「OUTPUT②」で書いた行動を実践に移せたら、そのと
き感じたことをまた言葉にしてみましょう。それが
「OUTPUT③」です。この本にはそれを書く欄はありませ
んが、代わりにSNSに投稿してみましょう。キミが行動
して得た経験はキミだけのものです。投稿したアウトプッ
トはキミだけのオリジナルで、きっと共感してくれる誰か
が見つかるはずです。

先輩たちの アウトプットに学ぼう!

　また、私の回答のほか、芸能からビジネスまで、各界の
最前線で活躍するプロフェッショナルたちからの回答も掲
載しています。

　経験に裏打ちされた言葉を手掛かりにして、自分なりの
アウトプットを実行していきましょう!

ゲスト回答者の紹介

山田孝之

俳優。1999年にデビューし、数々の映画やドラマに出演。高い演技力が国内外からも評価されているほか、映画のプロデュースや監督など、俳優業以外でも活躍中。

はるくん／北の打ち師達

登録者数119万人、動画再生回数5.5億回以上を誇る北海道出身のYouTuber。代表作は「君の名は。」の楽曲でパフォーマンスしたヲタ芸動画や「1週間生活」、「24時間生活」などの人気企画シリーズがある。彼ら独自のネタや高い編集技術は、北の打ち師達の強みになっている。

岡嶋かな多

作詞作曲家、音楽プロデューサー。BTS、TWICE、嵐、安室奈美恵、King & Princeを始め、通算500曲以上の作品の制作に参加、提供。オリコン1位の獲得は、100回を超える。作詞作曲を務めた三浦大知「EXCITE」でレコード大賞優秀作品賞を受賞。

田村淳

タレント。1973年12月4日生まれ、山口県出身。1993年、ロンドンブーツ1号2号結成。コンビとして活躍する一方、個人でもバラエティー番組に加え、経済・情報番組など多ジャンルの番組に出演。YouTube「ロンブーチャネル」の開設、オンラインコミュニティ「田村淳の大人の小学校」を立ち上げるなど、デジタルでの活動も積極的に展開。2019年4月に慶應義塾大学大学院メディアデザイン研究科に入学。2021年3月修了。タレントの枠を超えて活躍の場を広げている。

坂本大典

株式会社ニューズピックス代表取締役CEO。1986年12月30日生まれ、愛媛県出身。同志社大学商学部在学中に、インターンとして株式会社ユーザベースに参画。同大学卒業後、ベリングポイント株式会社（現・PwCコンサルティング合同会社）を経て、再びユーザベースに入社。SPEEDAの商品企画、顧客対応、営業など様々な業務を経験した後、2013年よりNewsPicks事業の立ち上げに従事。NewsPicksのビジネス部門を牽引し、2017年4月NewsPicks 取締役、2019年4月より同社代表取締役社長COOに就任。2021年1月より現職。

小林りん

教育アントレプレナー、社会起業家。学校法人ユナイテッド・ワールド・カレッジISAKジャパン代表理事。2006年から国連児童基金（UNICEF）のプログラムオフィサーとしてフィリピンに駐在、ストリートチルドレンの非公式教育に携わる。2008年に帰国し、2014年に軽井沢で全寮制国際高校を開校。2017年にユナイテッド・ワールド・カレッジ（UWC）へ加盟し、現在の校名となる。

飯田祐基

株式会社ライバー取締役会長、ファウンダー。学生時代からネットラジオやニコニコ生放送の配信者として人気を集める。22歳で株式会社テクサ（現・株式会社ライバー）を設立。インフルエンサーを起用した効果的なプロモーションと動画・ライブ配信広告などを行う。

紀里谷和明

\ PART /

①

学校では
教えてくれない
アウトプット術

①

高校生から始められる「アウトプットのススメ」

フォロワーになるな、フォローされる人になれ！

　私・CEOセオが高校生のみなさんに言いたいこと、それはズバリ、こういうことなんです。

　そのために、みなさんにとって、とても重要なのが、日常的に「能動アウトプット」する癖を身につけておくということ。

　これからの時代に、そして来たるべき約10年後の2030年の未来に希望を持って生きるために大切なのは、アウトプットができる人になることです。

アウトプットできない人はこの先、生き残れない

　「1億総アーティスト時代」になったと、まずは認識してください。アーティストなんていうとカッコいい響きですが、今は誰しもが発信者であり表現者であるということで

す。

　SNSがこれほど一般的になって、たくさんの人がTwitterやFacebook、InstagramやTikTokなどの多くのアカウントを持っている現代。私の言葉に、
「アウトプットなんて簡単だし、もう、みんな毎日、アウトプットしてるし」
　なんて、思った人も少なくないかもしれません。

　だけど……、たとえばTwitter、利用者の実に9割はつぶやいていません。YouTubeに至ってはそれ以上。YouTubeチャンネルを運営している人はいますか？　ほとんどいないはずです。いつも、「見知らぬ誰かのコンテンツ」を眺めてる、あるいは読んでる人ばっかり。まさに、サイレントマジョリティってやつです。

　でも、それじゃ、これからの「1億総アーティスト時代」では、マジでヤバいんです。

　だって考えてみてください。誰しもにファンやフォロワーが付く可能性のある時代です。10代であってもフォロワーを数千人抱える人がゴロゴロいる中、いつも無言で、なにを考えてるかわからない受け身でフォロワーゼロの人とでは、生き方そのものに差が付いてしまうんです。

　自らアウトプットしないで、他人をフォローしてばかりなんて、そんなもの、私から言わせたら、

他人の人生を
生きてるようなもの

です。

　逆に、どんな形でも、どんなに不恰好でも、自分の思い

をアウトプットしていると、その思いに共感してくれるフォロワーが自然と集まるものなんです。

　もしキミが、新たにビジネスを始めたいという思いを発信したら、キミのフォロワーの中から「一緒にやろう！」と手を挙げてくれる人が現れるかもしれません。キミが何か問題に直面してしまったときには、手助けしてくれる人だって出てくるでしょう。

　多くの人からフォローされるようになることで、キミは自分自身の人生を多くのフォロワーと共に創造していくことができるようになるんです。

　つまり、私が最初に「フォロワーではなく、フォローされる人になれ！」と言ったのは、キミたちに他人の人生ではなく、

自分の人生を生きてほしいから

　なんです。

　では、なぜ多くの人は、たとえばTwitterでつぶやけない、YouTubeで発信側になれない＝アウトプットできないのでしょうか。

　それは、行動の前に考えすぎているからです。

　何かアクションをするときに、考えて、考えて、考え抜いて……、結局は考えることがゴールになってしまって、行動しない理由ばかりを正当化していく。

　こんなことつぶやいたらバカにされるかも、こんな書き込みをしたら炎上しちゃうかも、こんなこと発信したって

誰にも相手にしてもらえないかも……。

　そうやって、失敗を恐れ、臆病になり、かたくなに慎重な態度をとった挙句、なんだったらクールを装ったりなんかして、無言を貫いていく。でも、繰り返しになりますが、これからはそんな姿勢じゃ絶対損します。

　私は、高校生のみなさんには、一刻も早くどんどんアウトプットして、さらに言えば、失敗も重ねていってほしいとすら、思っています。

炎上したっていい、

　バカにされてもいい、どんな失敗でも全然OK（当たり前ですが法を犯すような犯罪行為は絶対ダメですよ）、どしどしやってほしいんです。

　失敗を恐れず、思い立ったら考えすぎずどんどんアウトプット。それは自分の個性を磨いていくという行為です。

　なにかに興味を抱いたら、なにかに疑問を抱いたら、なにかに感動したら、それについて自分の言葉で、自分なりの表現手段でどんどん発信していきましょう。

　それが、今もうすでに始まっている、1億総アーティスト時代を生き抜く必須条件だと、肝に銘じてください。

2

アウトプットするのは
アイディアではなく、
興味＆行動

　元来、起業家の私が「アウトプットしろ」と言うと、なんとなくみなさんは、「スタートアップにつながるようなアイディアを発信しないといけないのかな」なんて構えてしまうかもしれません。
「アイディアって、あんまり思いつかなくて……」
　実際、将来は起業したいと考えているような若い人に会うと、よく、こんなことを言われたりもします。
　でも今の時代、

アイディアそのものに価値
はないんです。

　自分だけのアイディアなんて、そんな簡単に出てくるものではない上、これだけSNSで情報が溢れているわけですから、キミが思いついたことは、たいがい、ほかの誰かも思いついてる、そう考えるべきです。
　だから重要なことは思いついたとして「実際、それやりますか？」って話なんです。なかなかできませんよね。そう、人って思った以上に簡単には行動に移せないんです。
起業家ってなぜ儲かると思いますか？　頭が良いとかそう

いうことじゃなく、行動する人だからです。実はそれだけなんですよ。

　私はいくつものスタートアップ起業を経て思い知りました。

大事なのはアイディアよりも、それを行動に移して、そして諦めずにやり続けること

　なんだと。

　だから、高校生のみなさんも、世界に唯一のアイディアを発信しようなんて考えなくていいです。まずは、興味を持った物事について、アウトプットしてみましょう。それなら、ハードルはそこまで高くはないはずです。

　例えば……、ある日、マクドナルドで食べたハンバーガーを「美味しいな」と感じたキミが、次に「もっと、違う味のハンバーガーも食べてみたいな、ビッグマックや月見バーガーはどんなハンバーガーなんだろう」と思う。これが「興味」です。

　そこで「じゃ、今度はあえてケンタッキーのハンバーガーを食べてみよう」とか「メニューの中から、キャンペーンをしているメニューを注文してみよう」とする。実際にそれを実行できたら、それはただの行きあたりばったりではなく、興味から生まれた行動というわけです。その先に必ず発見があり、結果の分析ができるようになります。

重要なのは興味と行動がセットになっていること。そうじゃないとよっぽど印象的なことが起こらない限り、新たな発見は気づかず過ぎ去っていきます。

　ハンバーガーを美味しいと感じても、そこに強い興味を持つことができなければ、別の行動にシフトしないんです。だから、まずは、キミが

何に対して興味を持てるのか、好奇心を研ぎ澄ますことが大事

なんです。

　ただそんな好奇心を研ぎ澄ますなんてどうしたらいいんだ、と思うかもしれません。今回はハンバーガーの例ですがコツがあります。それは何事にも「興味を持つように思考する」ということです。つまり分析するクセをつけるんです。経営者は大抵その習慣がついています。お店に入るたびにこのお店は席数がこのくらいで顧客単価がこのくらいだから儲かってるな、と何でも興味を持って分析しています。ちなみに赤ちゃんは世の中にあるすべてのものに対してずっと興味を持ち思考しているからたくさん成長するんです。

　そして

「興味→行動」

　このセットがひとたびできあがると、

そこから先は雪だるま式に、キミは大きく成長

できるはずです。

　例えば、ハンバーガーに興味を持って行動に移したキミは、色々なフィードバックを得られるようになります。その過程でさらに興味が増していくはずです。
「あそこのハンバーガーは、肉の柔らかさが独特だな」だとか、「このハンバーガーは今の季節がとっても合う」だとか、「実際の商品は広告と見た目が随分違うな」だとか、はたまた「店の雰囲気や立地によって、来ている客層がまるで違うんだな」だとか。

　そうやって、一つの興味から視野がどんどん広がっていく。そして、また新しい興味の対象が見つかったりもするんです。

　そして、例えばそのハンバーガーへの興味から発展して、専門店巡りという行動を各種SNSにポストすれば、それはキミ独自のコンテンツになります。ハンバーガー高校生の誕生かもしれませんよ。いや、なにもSNSだけじゃなく、誰か友達や家族に話をしてもいい。これこそが「アウトプット」です。え、誰も興味を持ってくれないかもしれないから不安だって？

　ここで私から、もう一つ付け加えて言っておきたいのは、世界中で自分しか興味がないことなんて絶対にないということ。つまり、キミが強く惹かれ、アウトプットした内容は、絶対に誰かも興味を持っています。

　私は断言しますよ。

キミがアウトプットを続ければ、必ず誰かが共感してくれる、と。

　みなさんがもう少し大人になって、今度は車に強い興味を持ったとします。

　いろんな車を試乗して、その様子を動画に撮ってYouTubeにアップすれば、それはもう立派な試乗リポートです。ん、専門家に勝てるはずがない？　先ほども言いましたね。必ず共感者はいるんです。

　例えばこれから車を購入したい、でも、専門家の意見やお店からの紹介だとどうしても押し売りされそうな気がする……もっと初心者のフラットな意見がほしい。そういう人にとって、キミがアップしたその動画はとても価値あるものになるかもしれません。初心者だからダメというわけじゃなく、あえて初心者の意見を聞きたいこともたくさんあるということなんです。多様性の時代ですから世の中のニーズも多様化しているんですよ。

　先ほどから言っている「1億総アーティスト時代」は、「個の時代」でもあります。ちょっと前まで常識だった、テレビや新聞といったマスメディアがすべての人向けに同一の話題を提供していた「マスの時代」は、ネットの出現で終わりを迎えました。

　だから、キミがアウトプットするものは、万人受けを狙う必要なんて全くありません。

　全員が満足すると思う内容を紹介しようとする必要はあ

りません。自分好みで、嗜好性の高い情報を発信することの方がむしろ個性が引き立つんです。すると「あ、この人と趣味が合うかも、私もこういうジャンルが好き」という人が、フォローしてくれるようになるんです。

　誰もが知ってる無難なもの＝マスに受けるものよりも、より尖った、すごく狭いコミュニティの方が、価値がある……現代はそういう時代なんです。

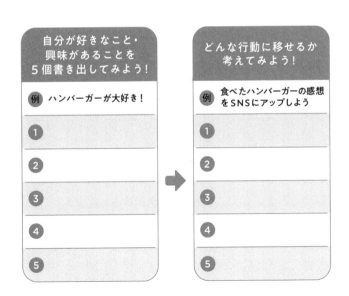

自分が好きなこと・
興味があることを
5個書き出してみよう！

例　ハンバーガーが大好き！

①

②

③

④

⑤

どんな行動に移せるか
考えてみよう！

例　食べたハンバーガーの感想
をSNSにアップしよう

①

②

③

④

⑤

3

他人の興味・趣味・嗜好 も受け入れる

嗜好性の高い情報をアウトプットしていくと、当然ですが、嗜好の合わない人というのも出現します。

例えば音楽が好きな2人でも、ヒップホップが趣味の人と、テクノが趣味の人とでは、やはり好きな感覚に完全一致はありません。

ここで大事なのは、自分とは違う趣味嗜好を持つ人の存在を無視しない、ということ。そして、同じ音楽好きでも、いろんな人がいるんだということに、興味や関心を寄せましょう。

これこそが、

ダイバーシティです。

たかだか音楽で何を大袈裟な、と思うかもしれませんが、そのたかだか音楽だけでも、ジャンルだけでなく楽器の種類だったりカルチャーだったり、様々な趣味嗜好がある、ということを認識し、相手の興味を尊重し受け入れていく、これって、性別や人種などの違いを超え、様々な価値観を持った人たちが共に生きていくための、ダイバーシティの考え方の基本なんです。

先に述べた他の人のアウトプットが「正直、私とは趣味

が合わないな」と思っても、彼が発信しているのは大きな
カテゴリーとしては同じ、音楽についてです。毛嫌いせず
「ああ、そういう聴き方もあるのか、そういうジャンルも
あるのか」と、可能な限り興味を持って近づいてみましょ
う。そして、「普段はヒップホップしか聴かないけど、今
度、試しにテクノ系のイベントに行ってみよう」と行動に
移してみる。その結果、「やっぱり私には合わないな」で
いいんです。または、もしかするとテクノ系のイベントに
来ている人たちのファッションが自分にマッチしたりする
かもしれません。すべては一方の側面から決めつけるべき
ではないということです。そして他人の好みから自分の中
にはなかった新たな発見をしていくことで、キミはまた一
つ、視野が広がり、成長したんですから。

多様性とは、相手のアウトプットに共感して承認し、それをまたシェアすること、

それが理想的な形だと思います。

でも、ときには理想通りにいかないことだってあります。
「これはどうしても譲れない、あいつの主張は絶対、認め
られない！」と互いに思って、議論、討論になって、仲違
いしてしまうこともあるかもしれません。

そんなときは、どうすればいいでしょう？

解決策の一つは……、これは少々、極端な発想ですが、
そういう意見の全く合わない人とは、3密を避けるように
すること（笑）。そういう人たちだけのクローズな場所に行

く必要はないです（密閉）、そういう人たちと密に集まる必要はないです（密集）、そういう人たちと密に近寄る必要はないです（密接）。

今の時代、居心地の良いコミュニティはいくらでも作ることができます。SNSの世界を眺めてもそうですよね、趣味嗜好の合う、自分と考えの似た人たちを探したり、そういう集まりを見つけることはすぐできます。だから、考え方のかけ離れた人や、相容れない人とは、3密を避けて付き合えば良いと思います。

ただ……、この手法をかたくなに取り続けてしまうと、互いにバイアスがかかりすぎて

二項対立 が激化

してしまいます。その究極の形を、私たちは2020年末から2021年初頭に目撃することになりました。そう、トランプ派とバイデン派が激しく、そして醜く争ったアメリカ大統領選挙です。

国家や社会ですら、二項対立と分断が進んでしまっている現代、意見の違う人、主義主張が相容れない人たちとのコミュニケーションというのは、実に難しい問題です。

そういった状態に陥らないよう、多様性として異なる意見があることを認めるためには、どんな場合でも立体的に物事を見て、考える、ということでしょうか。

先ほどお話ししたように片側だけの意見に固執せず、様々な角度から発想することで、互いの考えを少しずつでも理解し、認め、受け入れるという努力が重要になると思います。

少し、小難しい話になってしまいましたが……。

キミたち高校生がアウトプットにともなって、意見の違う誰かと対峙したとき、一番気をつけるべきことは

「強要しない」

ということです。

自分のアウトプットに共感してほしいという気持ちは誰にでもあります。でも、その共感や支持を、決して相手に強いてはいけません。強要はしない、そのルールを守るだけで、多くの無駄な争いごとは避けられると思います。なにより強要しないことで、相手に多くの側面で物事を考えてもらうことができるはずです。

アウトプットの心構え

① 決めつけない

**趣味や嗜好が違う意見でも、
一度は受け入れる努力をしてみる**

② 強要しない

**自分の意見が常に正しいと思いこまず、
相手に無理強いをしない**

最強のインプットは
「体験」

　何かをアウトプットするためには、まず自分に何かをインプットする必要があります。

　そして誰かに共感してもらったり、他者を惹きつけるようなことをアウトプットするためには、当然ながらインプットの質がとても大切なんです。

　そして、私が思うもっとも質の高いインプットとは、アウトプットする人自身の、ナマの「体験」です。インプット＝本をたくさん読もう、ということではないんです。

　胸が震えるような感動、身がすくむような恐怖、自然と顔が縒んでしまうような楽しい時間……、そんな、感情を揺さぶる体験が、アウトプットしたいという動機にもなるし、発信者本人のナマの体験をベースにしたアウトプットというのが、たくさんの人の共感を呼んだり、誰かの心に強く刺さるものになるのです。

　例えば、２人の高校生が、それぞれ起業のことをFacebookの記事にあげていたとしましょう。ひとりは本に載っているような起業するために必要なノウハウや知識、かたや、起業したばかりで

「毎日会社のお金がなくなっていくヒリヒリした実録」

という、自らの起業体験を語った記事。

キミならどっちを読みたいと思いますか？

私は断然、後者です。

それが、どんなに拙（つたな）い文章で書かれたものだとしても、やっぱり本人のナマの体験は強い。記事の熱量だって違うし、臨場感だって全然違う。アウトプットを受け取る側も、その熱量に呑（の）まれると思うんです。

戦場カメラマンをご存知でしょうか。「報道写真家のうち、特に戦闘や紛争の行われている地域にて戦争や戦闘員、戦争による被害、被害者などを取材するカメラマン」のことです（Wikipediaより）。彼らは非常に危険な戦場に出向き、その光景をカメラに収めるという危険と隣り合わせの体験をしています。カメラというフィルターを通していますが、彼らの写真にはやっぱりナマの声が聞こえてくるような鮮烈な写真が並びます。きっと想像とは違う現実を捉えているからだと思います。

このように内容が同じであっても体験者の声というのは強力なんです。その人から発せられるパワーは人づてで聞くものより遥かに。だからこそ体験者による直接のアウトプットは意味があります。

もちろん、本やネット、テレビや新聞から情報を得ることもインプットです。ただこれはあまりに供給過多の状況にあります。

というのも、これだけ情報が溢れかえっている現代、

私たちの脳のハードディスクは、常に満杯状態

になっていると思うんです。

最近物忘れが酷かったりしませんか？ 恐らくそういう人が増えている気がします。

でもなぜこんなに忘れやすくなってきたのか。色々な理由があると思っています。例えば今の時代はネットにすべて登録できます。友達の電話番号も住所も、歴史や漢字だって、すべてを覚えておく必要がありません。そのために記憶力が落ちていることもあるかもしれません。そして他にも挙げられることとして、インターネットからの情報があまりに供給過多だからだと思っています。きっと、インターネットをなんとなく眺めているだけで、私たちの脳にはどんどん情報が自然に流れ込んできている。すると頭脳をPCのデスクトップだと仮定すると、アイコンだらけでハードディスクも満杯、カクカクと動作が悪くなってしまう状態のイメージです。このままではヤバいと判断して、CPUの処理速度が遅くならないように、不要な情報はどんどん消去していかざるを得ない。現代人の脳はそんな状態です。結果としてネットの時代とは、日々触れる情報が格段に増えたため、脳から

自動削除されていく記憶

というのがものすごく増えている、それが私の考えるひとつの仮説です。

そして、私が何が言いたいかというと……。

蓄積せず、簡単に捨てられてしまうような情報、つまり質の低いインプットでは、強いアウトプットにも繋がらないということなんです。だからこそ質の高い体験のアウトプットを増やしましょう、ということです。

　実は、

私は本を読まない人間

です。だから、私のインプットの基本は、まさに自分の体験なんです。

　でも、1日は24時間しかありません。1年は365日だけです。限りある自分の時間の中で、質の高い体験のみのインプットにしていこうとした場合、どのような行動に努めればよいでしょうか。

　私は必死になって「自分にしかできないこと」を追求してきました。24歳から次々とスタートアップを起業し、売却、IPOを経て、ある日突然6万人を有する大企業の幹部にもなりました。そして、お堅い大企業に籍を置きながらも、連続起業家兼アーティストとしての活動もやっています。気がついたら、とても強いアウトプットができるインプット（体験）を選択していたんです。

　どれもこれも、それなりに強烈な体験ですがコツがあります。それは振り幅を気にすること、すなわち一つ前の自分と真逆にストーリーを作っていくことです。スタートアップ経営ばかりやっている起業家からすれば大企業経営はまさに水と油です。大企業にいたら襟を正して毎日スーツの世界なのに、そこからサングラスにアクセサリーをジャラジャラ着けたアーティストってホントめちゃくちゃ一貫性がないんですよ（笑）。でもその結果、私自身のアウトプ

ットは実に振り幅の大きな世界観の発信ができているんです。

　また、常にアウトプットを意識しているとも言えます。常に発信していくことを心がけていれば、自ずと強いインプット（振り幅のある体験）を求めるようにもなるのです。

　その具体的な考え方として、私は自分の行動にいつもサプライズの要素があるかどうかをとても気にしています。やっぱりサプライズというのは人の心を動かす大きな要素になります。そういう生き方も考えてみると楽しいですよ。高校生のキミが何をしたらサプライズを与えられるのか。自己紹介するときに、部活をしている高校生と起業している高校生、どちらが聞き手にサプライズを与えられますか？　一般常識に囚われず人生に振り幅を持つことは、結果としてキミ自身への興味に繋がってきます。よくよく考えてみてください。

　冒頭で私は、高校生のみなさんに「失敗を恐れず、どんどんアウトプットしよう」と書きました。

　その真意は、

キミの失敗はキミのナマの 体験だから、

です。

　あることについて、こんな風にアウトプットしたら、あんな失敗をしてしまった……、それは、キミが失敗から得た貴重なインプットです。その失敗を、次に生かすことができれば、それはそれでたいへん有意義ですし、そのインプットを整理して誰かに向かってアウトプットしてもい

い。

　目も当てられないような、散々な大失敗の体験談ほど、聞きたがる人は多いものです。たんにオモロい話として大笑いする人もいれば、キミのことを反面教師として真剣に受け取ってくれる人も少なからずいるでしょう。そんなしくじった思い出を取り上げるテレビ番組もありましたよね、アレです、アレ。

　つまり、この先キミが、日常的にアウトプットができるようになってしまえば、もう、恐れるものはないのです。

もはや、失敗はマイナスなことではないのです。

　恐れるべきは「行動した失敗」より「行動しなかった後悔」なんです。

　繰り返しになりますが、失敗も含めた濃い体験が、アウトプットするキミの熱量を上げ、アウトプットそのものの精度も上げ、キミの力を増してくれるんです。

5

1億総アーティスト時代の正体

　こんなことを説いている私ですが、実は、幼いころは、全くと言っていいほどアウトプットできない子どもでした。
「この3つの中から、欲しいおもちゃを1つ選んでいいよ」
　親からこう言われても、いつまでも悩みに悩み続け、しまいには6歳上の兄から「おまえはホント、最後まで決められないやつだな」と笑われる。中学生になってもみんなが受験していたから受験する。大学に行くときも親の勧めた学部を選択していました。そんな子だったんです。信じられないかもしれませんが本当の話です。

　みなさんと同じ年代のころだって、どこにでもいる普通の、

平凡な高校生

でした。たいしたインプットもしていなければ、アウトプットなんて全くしていませんでした。
　そんな、呑気な高校生活を送っていた私も社会人になり、遅ればせながらアウトプットするようになりました。そして、気づけば起業し、いくつもの会社を経営し、そして、

一部上場企業の幹部にもなり、アーティストとして表現者にもなっている。

　今振り返ればラッキーな時代だったんだな、と思います。当時は、社会人からでも十分間に合ったんです。みんなが平等にチャンスを得る時代だったからです。

　でも、今はもう違うんですよ。中学生や高校生でもめちゃくちゃ差がついてしまう、チャンスを得るも得ないも本人次第の時代なんです。

　インターネットが普及し、誰であろうと自分で動けばどんな情報でも簡単に手に入るし、誰もが世界に向けて発信できる時代です。

　高校生、いや、中学生のうちに起業しようと思えばできるし、すでにもう、実際にスタートアップを起業している10代の人たちもたくさんいる。

　これこそが、「1億総アーティスト時代」の正体で、10代から行動する人としない人の差が加速度的にどんどん広がっていく、そんな時代です。誰しもがいつからでもアーティスト（表現者）になれる時代です。

　私が高校生だった25年ほど前は、その差はせいぜい、進学先が東大になるか、三流大か、その程度の差だったように思います。それって大きく見えるかもしれませんが、実はそんなに差がないんですよ。所詮大学の偏差値の差程度のことなんですが、今なら学生か年収3,000万円のYouTuberかくらいの差になってるんです。

　気づくか気づかないか、動くか動かないか、

アウトプットするか、しないかで、格差はどんどん大きくなる。

　本来インターネットは誰しもに平等にチャンスを与えていて、実際行動している人は常に対価を得ていますが、行動しない人には何も変化が起きていません。キミの知らないうちに行動している人は今もグングンと成長を続けている。「テスト前に昨日勉強した？」と聞くと、「いやしてないよ」と言いつつ高得点を取る人っていますよね？　今はテストの点差くらいで済む時代ではありません。気づいたときにはもう埋められないほどの溝ができているのが今の時代です。そういう環境に自分がいることを認識して、少なくとも今すぐYouTubeの見るコンテンツを考え直すべきです。これこそが、今の時代における新しい格差と言えるかもしれません。

　学校でみんなが同じ教育を受けて、チャンスも平等で差がつきにくい時代ではもうないんです。

　考えてもみてください。

　10代で起業した人は、たとえそのときは事業に成功できなかったとしても、あるいは手痛い失敗をしたとしても、何事にも代え難い体験＝大きなインプットがあるわけです。たくさんのフィードバックを得て、大きく成長し、さらにアウトプットを続けることができて、もっともっとたくさんの体験を重ねて……、文字通り、雪だるま式に成長し、飛躍していくはずです。

　アウトプットできる人はどんどん得をして、アウトプッ

トできない、つまり、いつまでも受け身の人というのはどんどん損をする、極端な二極化が進んでいるのが現実です。アウトプットできない人は、一歩間違えば、

搾取される人生

を送ることになる可能性が極めて高いのです。

これが、高校生のみなさんに、日常的にアウトプットする癖を身につけてほしいと言った一番の理由です。

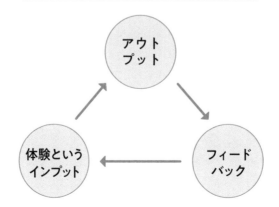

6

アウトプットをするとき、お金や意味なんて考えない

みなさんが改めてアウトプットに取り組み始めるとき、大前提として「これでお金が稼げるかどうか」は考える必要はありません。

もっと言えば、よく「そんなことやって意味あるの？」と冷めた見方をする人もいますが、

最初から意味を追求すること自体、意味はありません。

いくら稼げるのか、どんな意味があるのか、そういうことを考えてしまうのは、みなさんが大人になってきた証でもあります。多くの大人は生活もかかっていますし、経験から得た知識をまずは優先しがちというか、常に意味とか価値とか考えちゃうものなんです。「どんな意味があるの？」と冷めたことを言っては、思考が凝り固まっているも同然です。小さい子どもに対して「砂場で遊んでいて意味あるの？」と聞く人はいないはずです。大人になればなるほど忘れがちな無邪気な気持ちは成長にとても大切な要素なんです。

同じようにキミたちが始める、興味→行動→アウトプッ

トという一連の流れでは、最初から意味を求める必要はありません。いや、

むしろ考えない

でください。

お金も、もちろん意味も、厳密に言うと後から勝手についてくる、キミの手元に巡りやってきます。日常的にアウトプットができる人のところには、人が集まってきます。人が集まるところにはお金が生まれます。結局は繋がっているんです。

でも、最初から意味だとかお金だとかに不必要に意識を向けてしまうと、「自分が興味を抱いたものではダメなんじゃないか、もっとマーケットの大きなものの方がいいんじゃないか」、そんな発想になってしまいます。

「本当はバレエが好きなんだけど、それではいくらも稼げそうにないから、プロ選手が多くてもっとマーケットの大きいゴルフについて発信していこうかな」

そんな発想では、決して長続きしないし、うまくいきません。ベクトルがずれてしまってるんです。本当に自分が興味を持っているものでないと熱量が発揮できないんです。

かつて、ビジネスの世界では「逆算方式」というスタイルが良しとされてきました。

プロジェクトに取り組む前に、その意義や価値、最終的な利益といった、いわばゴールを設定し、そこに向かってまず何をすべきかを考える。それが定石でした。

でも、私は思います。

もう、逆算方式は古い。

かつてはアリでしたが、今、逆算ではうまくいかないことの方が圧倒的に多いんです。なぜなら時代の流れがとても速くなっているからです。

　ですから今は、逆算方式で考えている人よりも、あえてゴールなどは決めず、とにかく立ち上げ進んでいく人の方が断然、フットワークが軽いし強い。

　その方が、社会の変化が大きな現代に、無理なく適応できるからです。逆算方式に対して

「適応方式」

とでも名付けましょうか。

　だって、逆算方式であらかじめ決めたゴールに向かって最初の設定通りに進んでいこうとする人は、突然、予想だにしない出来事に直面したら……例えば今のように新型コロナの流行みたいなことが起きたら……、キツいですよね。世の中の動きが突如、止まってしまったら、とてもじゃないけど身動きが取れなくなる。逆算方式の厳しいところは最初から荷物を背負ってしまうことです。今は身軽な方が強いんです。社会の劇的な変動に、自身の姿をアメーバのように変化させながら応じていけるんです。

　私自身は、もう完全に適応方式です。

　もともとは連続起業家で、一部上場企業の幹部になり、さらにはアーティストとしても活動していると、周囲からはよく聞かれます、「あなたは最終的に、何がやりたいの？」って（苦笑）。

　でも、私は適応方式ですから、目標に向かって進むということにプライオリティを置いてないんです。なぜ起業家からアーティストなのか。固定観念を捨て去った上で、今

の時代背景を考えれば自ずとアーティスト（表現者）という選択になっておかしくないと思うんです。過去の積み上げが必ずしも今のすべてではなく、時代の風に乗る適応性が大切です。今までお話ししてきたアウトプット重視の時代になった背景を理解すればみなさんもそう思いませんか？

　あと、私自身のプライオリティはまず面白いかどうか、そして振り幅のある変化を生み出せるかどうか。

「目標ファースト」ではなく「変化ファースト」

　なんです。社会の変化に合わせて自分も変化し続けることを一番に考えている。

　ですから、日ごろから「ヤバい、このままでは目標に到達できない」と焦ることは、ほぼほぼありません。むしろ「あれ、時代がこんなに速く進んでいるのにしばらく同じことしちゃってるな、このままだとヤバい！」って感じることはあります。焦るポイントが、一般的な経営者とは、ちょっと違うかもしれません。もっと外から自分を見ている気がします。

　今回、お勧めしているアウトプットについても、みなさん「逆算方式」ではなく、「適応方式」でいきましょう。

　誰に届いてほしいとか、フォロワーを何人増やしたいとか、そういった結果や目標などはあえて考えず、まずはとにかく発信してみることです。

　もちろん、ターゲットとなる人を、あらかじめ絞ってから始めた方が、効率はいいかもしれません。だけど、ター

ゲッティングやマーケティング自体が、まさに逆算ですからね。最初からはいらないと思います。

そもそも、キミ自身の

強い興味からスタートした
アウトプット

なら、もう始めた時点で、キミの

カラーやオリジナリティが
はっきり打ち出されている

はずです。カラーがはっきりしていれば、勝手に受け手も定まっていくもの。

私自身、今アーティストをしていて、曲の歌詞を書くという、まさにアウトプットをしているんですが……、自分でも笑ってしまうぐらい、同じようなメッセージの歌詞になってしまうんです。だいたいは、ここに書いているようなマインドセット的なものに。それでも配信すれば、それなりに大勢の人が聞いてくれて、多くの人が共感を寄せてくれています。私は、あらかじめターゲットを決めず、アウトプットの基本でお話ししたような、自分のリアルな体験で得たナマのメッセージを届けただけです。結果としてきっと、新しい何かに挑戦したいとか、何かを始めたいと思っている人に響いてくれたのだと思います。

だからキミも、まずは自分の興味にとことん準じて、純粋な気持ちでアウトプットし続ければいいんです。その先に分析、考察をしてターゲットに合ったアウトプットにな

っていくはずです。

　ですが、例えば自分のダンス動画を100件、TikTokにアップしたのはいいけれど、鳴かず飛ばずで全く反応がない、なんてことも大いにあり得る話。

　そんなときは、どうするべきでしょうか。

　サクッとそれは諦めるんです。ダメなものはダメですから。さっさと撤収して、次のテーマのアウトプットをまた始めるんです。それが適応するということです。

　そして、ダンス動画での失敗の原因については後日、考察して、いずれ機会があればまた、失敗談として発信すればいいのです。ちなみに、どんなことも始めたからにはある程度までは諦めずに続けましょう。数回のポストで反応がないからといって諦めてしまっては本当の考察をすることはできませんからね。

「逆算方式」と「適応方式」の違い

	逆算方式	適応方式
動機	やることで得られるお金や意義を最初に決める	自分が関心があり、やりたいことを始める
手法	決めたマーケットでどうほかと差別化するか考える	行動していく中で見えてきた状況に合わせて次の手を実行する
重視すること	実行前に定めた計画通りに動けているかを重視する	行動や考えが状況に合わせて変化していくことを重視する

思い立ったら即、アウトプットしよう

「起業したいんですけど……」

　私のところに、たまにこう言って相談にくる人がいます。その際、私はほぼ必ず、こう返答します。

「キミはきっと起業しない」

　私が考える起業とは、思い立ったら即、しているもの、なんです。なぜ起業したか、

理由なんてない

　んです。大抵はみんな後付けですよ (笑)。

　だから、私を訪ねてきて「実は先日、起業したんです。それで、相談があるんですけど……」なら、わかります。だけど起業するか、しないかを他人の私に相談するというのは、理解に苦しむ。

「それはキミ自身が判断すること」

　だからです。

アウトプットも同じです。というか、起業は究極のアウトプットなんです。

思い立ったら即、アウトプット、それが基本。

行動が先にあって、考えが後からついてくる、それぐらいがちょうどいい

と思います。だから「とにかくまずアウトプットしろ」ではなく、「その癖をつけろ」といってきたのはそういうことなんです。もう、条件反射的にアウトプットしている、それぐらいでないと遅いんです。

思い立ったら即、行動するための秘訣、

それは「考えない」こと

です。

ちょっとでも「いいかもな」と思ったら、すぐに行動、アウトプットするんです。その際、事前に分析なんて、一切しない方がいい。分析なんてしていたら、先に述べたTwitterでずっとつぶやけない状態に陥るからです。

最近流行したClubhouseでの事例です。

ある有名な音楽作家の方がClubhouseを始めたのですが、彼は毎日1人で配信をしていました。リスナーがどんなに少なくても一日も欠かすことなく60日を超えています（2021年4月6日時点）。いつも彼がルームを開くとプッシュ通知が来るので、あ、また彼配信しているんだな、と思って

いたのですが、日に日に気になってくるわけです。一体毎日何を配信しているんだろう……そもそもジャーナリストでもない音楽作家の方がそんなに話すことってないはずです。それでも彼は毎日続けている。40日を超えた辺りで私はついにそのルームに入って見に行ったんです。そしてスピーカーにさせていただき、色々話をしていくうちに共通のネタも出てきたり、一緒にビジネスしましょう！　という流れにも。まさにこれなんですよね。

発信し続けていると最初は外から見ているだけの人もいつか中に入ってくる。そして新しい機会が生まれる。

　まさにインターネットが生み出す奇跡です。なにより有名な音楽作家の方でも一度始めたアウトプットをすぐやめてないんです。高校生のキミが簡単に諦めてはいけないんです。

　こうした出会いだけをみても、

行動していなければ得られない体験

　です。面白くないですか？　彼の毎日欠かさないアウトプットと私の行動がなければ（私はもっと早く入っていけば良かった(^_^;))、このような体験を得ることはできなかった。まず、動くことで、機会が発生し、それに対して様々な考察

が生まれ、それが知識、経験として蓄積されるのです。

　もちろん、当たり前ですが後先考えず法を犯したり人に迷惑を掛けるのはダメですよ。「お金がないな、悪いことだけど詐欺をしよう！」とか、「むしゃくしゃするな、暴力の動画をアップしよう！」は絶対アウトですが、犯罪以外のことならば、大抵のことは、即行動に移し、ちょっとつまずいたとしても、大したマイナスにはならない、致命傷になんてなり得ません。むしろ得るものの方が多いはずです。

　だから、いちいち事前に結果を予測したり分析したりせず、まずはやってみればいいじゃん、ということなんです。

　大切なことは誰よりも早く行動し、たくさん失敗し、多くの体験を得ることです。24時間365日の誰もが平等に与えられた時間の中、どれだけ質の高い体験を積み上げることができるか。その勝負の先に大きな結果が待っています。

　高校生のキミがアウトプットするときに、事前の分析は１ミリもいりません。いや、むしろ、本当に、事前分析などやらない方がいい。

　ただ、アウトプット後に得られた結果については、何が良くて何がダメだったのか、考察はしてください。同じ失敗を繰り返さないために。つまり分析がダメという話ではなく、

分析は行動の前ではなく後が良いということです。

　とにもかくにも、まずは今日から、アウトプットを始め

てみましょう。もし、SNSのアカウントを持っているなら、今自分が考えていることを、すぐに書き込んでみてください。もしくは、今隣に誰か友人がいるならば、自分の考えていることを彼に向かって語ってみる、そこからでもいいんです。

　え？　何を書き込めば、何を語ればいいかがわからない？

　安心してください。この本はそういうキミのために作ったのですよ。是非この本を使って自分の意見を発信する練習を始めてください。気づけばキミはアウトプットする癖が身について、自然とアウトプットできる人になっているはずです。

行動できない人の マインドセット	行動できる人の マインドセット
やりたいことがあっても 人の様子を見てから	自分がやりたいことは まずやる！
人にバカにされる のが怖くなる	たとえ失敗しても 経験値が貯まる！
知識は深められてもスキルや 仲間がいないので、行動に 移すきっかけが掴めない	経験を活かしてスキルや 知識が深まり同じ関心を持つ 仲間も見つかる
やりたいことがあっても、 最初からあきらめるように なってしまう	やりたいことをやるための 環境がどんどん整っていく

\ PART /

②

実践
アウトプット
ドリル

①

あなたにとって「冒険」とはなんですか？

 回答者

CEOセオ

　冒険というとどういうイメージを持ちますか？

　難しい、とか怖いとかリスクについてでしょうか。それとも冒険で得られる達成感や未知の発見などでしょうか。どちらもあると思います。実はそういう

リスクとリターンというのは常にバランス

　しています。少なくとも長い目で見ればどちらかに偏っているケースというのはありません。実は必ずバランスしているんです。

　ですから恐怖やリスクに対して過度に恐れることはないですし、変にリターンだけを楽観的に考えるのも違うわけです。

　ただせっかくリスクを取ってチャレンジすると決めた冒険ならば、あとはワクワク楽しい気持ちで取り組みましょ

う。冒険は簡単にゴールさせてくれません。様々な試練が
やってきますからそれを乗り越えるためにも楽しいと思え
るポジティブな気持ちは大切です。

　是非あなたにとってやりがいのある冒険に挑戦してみて
ください。

 ## アウトプットを書いてみよう！

OUTPUT① **あなたはこの回答をどう思いますか？**

EX）ほしいリターンが大きければリスクの大きさも覚悟しなけ
ればいけないし、どちらにしろ恐れるより楽しまなければ損だと
思った。

OUTPUT② **あなたはそれに対しどう行動しますか？**

EX）日常の生活で、例えばテスト前の勉強だったり、小さくて
もどんな場面でリスクとリターンがあるのか、それを自分は楽し
めているか、意識しようと思った。

あなたにとって「成長」とはなんですか?

回答者

CEOセオ

　成長というのは人にとって、生き物にとってかけがえのないものであると思います。

　人は成長によって新しい発見や新しい考え、そして新しい自分との出会いを得ます。小さな子どもであれば身長が伸びたり、わかりやすい肉体的な成長がありますが、それが止まって大人になったとしても心の成長のチャンスがたくさんあります。

むしろ肉体的な成長よりも心の成長の方が無限大の可能性があります。

　目に見えない心の成長だからこそ時間をかけてじっくり育てていきましょう。もしもリスペクトできる年配の人がいたらきっとその方は時間をかけて心を育んできたはずです。是非コツを盗んでください。

アウトプットを書いてみよう！

OUTPUT① あなたはこの回答をどう思いますか？

EX）考え方だったり、立ち振る舞いだったり、「心の成長」は
自分から能動的にできるのだと思った。

OUTPUT② あなたはそれに対しどう行動しますか？

EX）漫画や映画だったり、フィクションでもリスペクトできる
登場人物の心の持ちようは参考にできそうなので、そういう観点
でも改めて見てみようと思った。

3

あなたにとって
「出会い」とはなんですか?

回答者

山田孝之さん(俳優)

出会いは可能性です。

　自分1人で何かに気づくこともありますが、いろんな人と話すと、インスピレーションだったり、自分1人では思いつかないことに気づかせてもらえます。

　僕はもともと閉鎖的で、20代のころは外に出ることがほぼありませんでした。でも出会いがそういう大事な場だと気づいて、30代になってからは紹介したい人がいると言われれば会いに行って、話す中で新たなことが生まれてきています。

　食事も基本的には1人で知らないお店に行きます。友達に連絡して誘うことはありません。そこで初めて会う常連さんとお話しして、ときには仕事に繋がることもあります。

　友達だけでいると、友達同士の会話にしかならないから、きっかけになることが少ないんです。

　今はSNSが出会いの場なのかもしれないですが、SNS

で完結してしまうと、それは出会いではなく認識したという程度で終わってしまいます。若い人にはどんどん外に出て、直接会って話してほしいと思います。

 ## アウトプットを書いてみよう！

OUTPUT① **あなたはこの回答をどう思いますか？**

EX）毎日同じ友達と過ごす機会が多く、楽しくて居心地はいいけど、「出会い」は確かに少ないかもしれないと思った。

OUTPUT② **あなたはそれに対しどう行動しますか？**

EX）身近なところで、明日は話したことがないクラスメートや先生に声を掛けてみようと思った。

あなたにとって 「成功」とはなんですか?

 山田孝之さん（俳優）

成功というものが僕の中にはないんです。

成功って、結局、人が外から決めているもの

だと思います。

先日、とても売れている雑誌の取材を受けました。例えばその雑誌の売上をさらに10倍にする必要が出てくるとすると、今の内容では限界があります。違う方向性のコンテンツを入れて、代わりに今いる読者が喜んでくれるものや、編集部がやりたいことなどを捨てることになる。それで売上10倍を達成したとして、数字だけ見たら成功です。でも、雑誌や作り手にとって、それは本当に成功なのでしょうか?

「成功したい」という気持ちもよくわかりません。会社を立ち上げて大金を稼ぐ、というのはわかりやすい成功のイ

メージですが、お金を稼ぐことが目標でない限り、それは過程です。本人が目指すところと人が成功と言うところは違うんです。

　成功とは本人の気持ちを見ずに、結果だけ見て他人が言う言葉なのだと思います。

 アウトプットを書いてみよう！

OUTPUT①　あなたはこの回答をどう思いますか？

EX）将来お金が稼げれば人生は成功だと漠然と思っていたが、それが「私にとっての成功」なのかはわからないと思った。

OUTPUT②　あなたはそれに対しどう行動しますか？

EX）本当に私が人生でやりたいことはわからないが、日常の中で自分が楽しいと思った瞬間を日記に書いたり、SNSで共有したりして、自分が何をやりたいか、知ってみようと思った。

ゲスト
アンサー

あなたにとって
「才能」とはなんですか?

 回答者

山田孝之さん（俳優）

　才能とは物事をどれだけ愛し続けることができるか。愛情を持ち続けられるかです。

　スポーツ選手だったら、生まれ持った肉体的な資質の違いはあるでしょう。でもサッカーだったらサッカーボールを常に持ち続ける。人の目なんて気にしない。意識から絶対に外さない。歩き方や座り方、日常のすべてをサッカーに紐づけて考え続ける。肉体的資質は、こういう意識の差で乗り越えられると思います。

　僕自身も芝居の才能があると評価されます。「憑依型」とか言われますが、それは常に役のことを考え続けているからです。現場やセリフを覚える以外の時間は何をしようが自由です。でも僕は人がそこで友達と遊んでいるとき、芝居のこと、役のことを思い続けている。才能とか言う前に、そこまでやっているのか、と思います。努力というより、それは芝居に対する愛情です。

一つの物事にずっと向き合えば、嫌な側面も必ず見えてきます。それでも愛し続けられるか。

それができる人が、才能のある人だと思います。

 アウトプットを書いてみよう！

OUTPUT① あなたはこの回答をどう思いますか？

EX）才能という言葉のイメージは「能力に恵まれた人」というものだったが、「やり続けられる」ことの方が本質なのだと思った。

OUTPUT② あなたはそれに対しどう行動しますか？

EX）今の自分の能力ではなく、自分が辛くても続けられていることに改めて注力してやりきろうと思った。

あなたにとって 「お金」とはなんですか?

 回答者

CEOセオ

　お金は本当に便利なものです。ロールプレイングゲーム を想像してもわかる通り、お金があるとほしい武器を手に したり、道具を買うことも宿で泊まることもできます。カ ジノで遊ぶこともできます。ときに自分を豊かな気持ちに してくれることもあるでしょう。一方でお金がなければ戦 闘にも不利になってきます。ボスまで辿り着くのも苦労す るかもしれません。

　これを自分の人生に当てはめるとどうでしょうか。お金 がないために選択肢が減り苦労するかもしれません。ただ お金があれば冒険をクリアできるでしょうか。お金があれ ば人生をクリアできるでしょうか。実は人生をクリアする のは

自らの行動であり、お金で はない

んです。

　ただし、ロールプレイングゲーム同様にお金は自分の行動を援助してくれます。お金を稼ぐことだけに囚われてはいけませんが、自分の行動をより加速し大きな成果を得る手段の一つと考えて、お金もしっかり稼げるように頑張りましょう。

 アウトプットを書いてみよう！

OUTPUT① **あなたはこの回答をどう思いますか？**

　EX）お金を稼ぐために行動するのではなく、自分がやりたい行動をするためにお金を稼ぐ必要があるのだと思った。

OUTPUT② **あなたはそれに対しどう行動しますか？**

　EX）自分が将来やりたいことのために、どれくらいお金が必要なのか、そのための行動をしながらお金を稼ぐ方法があるのか、調べて計算してみようと思った。

あなたにとって「記憶」とはなんですか?

 回答者

CEOセオ

　記憶とは生きがいだと思っています。誰しもに平等に時間は与えられています。その時間の中にあなたの脳に刻まれた記憶はどのくらいあるでしょうか。

　まさか生まれたときからの記憶がすべてある人はいないでしょう。つまり大切なもの、そうでないもの、それだけでなく覚える量が増えすぎて勝手に捨てられている記憶もあるかもしれません。そう考えたとき、

記憶というのは自分自身が残したい人生

なのかもしれません。

　私は記憶に残る時間を作りたい、という気持ちがとても強いんです。そういう気持ちでないと何も残らない人生になってしまうのではないか、と思うからです。あなたの今日１日は記憶の残るものでしたか?

アウトプットを書いてみよう！

OUTPUT① あなたはこの回答をどう思いますか？

EX）「記憶に残る時間を作る」という意識を持たず、日々を過ごしてしまっていたかもしれないと思った。

OUTPUT② あなたはそれに対しどう行動しますか？

EX）普段通らない道で帰ってみたり、知らないお店に行ってみたり、普段と違う感情が動いて、記憶に残るような日々の行動を増やしていこうと思った。

あなたにとって
「流行」とはなんですか?

回答者 **岡嶋かな多さん**(音楽プロデューサー)

　わたしにとって「流行」は、時に面倒だけど「流行」があるからこそ、人生がより楽しいし、思い出も鮮やかに感じると思う。

　例えば音楽、例えばファッション……。
「流行」を常に追い求めるのは時間も労力もかかる。
　でもより「今」を生きていると感じる。

　ひところは「流行」を求めることが馬鹿げている気がして、変わらない「スタンダード」を追い求めた。
　それはそれで、もちろん素晴らしい。でも「流行」があるからこそ、今しか書けない曲があり、今しか着られないお洋服があり、今を強く彩る音楽も作られると思う。

「流行」に振り回されることなく、どうせなら味わい、過去を振り返った時「こんな時もあったね」と笑い話をする

のが、今から楽しみだ。

 アウトプットを書いてみよう！

OUTPUT① **あなたはこの回答をどう思いますか？**

EX）ちょっと「流行」をひねくれて見ていたところがあったが、「今しかない」ものだと思うと、自分で経験しないともったいないと思えた。

OUTPUT② **あなたはそれに対しどう行動しますか？**

EX）自分には合わない、わからないと感じる「流行」も、とりあえず1回は経験してみようと思った。

あなたにとって 「音楽」とはなんですか?

 回答者 ## 岡嶋かな多さん（音楽プロデューサー）

わたしにとって「音楽」は呼吸です。

日々生きている時に感じることを吸い込み、メロディーや歌詞として吐き出す。

それは、誰も聞いていない鼻歌の時もあれば、100万人が聞いてくれる楽曲になることもある。

生まれた時から、みんなのそばにありながら、いまいち、どうやって作られているか謎の存在、音楽。

理論を駆使して織り上げた高貴な音楽もあれば、実にシンプルでキャッチーなものもある。

音楽の中でなら、法や秩序を超えたことも歌える。
Twitterで炎上することも、音楽でなら表現として、ど

こか認められる。

　そんな音楽が、いつも隣にいてくれたから、わたしは、わたしらしく生きてこれた。
　人生を投げ出さずに、夢を追いかけられた。

　虚しい時、心細い時、幸せな時……
　背中をさすってくれる、より記憶を濃いものにする音楽にいつまでもときめき、呼吸し続けるのだと思う。

 アウトプットを書いてみよう！

OUTPUT① **あなたはこの回答をどう思いますか？**

　EX）音楽は身近で神秘的で、友達のように生きる力を与えてくれる存在だと感じた。

OUTPUT② **あなたはそれに対しどう行動しますか？**

　EX）お気に入りの曲を聴きながら、この曲を初めて聞いたときの心境を思い出してみようと思った。

⑩

あなたにとって
「家族」とはなんですか?

回答者 **岡嶋かな多さん**(音楽プロデューサー)

　わたしにとって「家族」は、自分を象ってくれている
ギフトです。

　だいぶ変わり者の両親から生まれたわたしは、どう考え
ても彼ら、そして、彼らの育て方があったからこそ、今の
わたしがあり、夢も叶えられたと思う。
　正直恨んだこともあるし、考え方に共感出来なくて、ぶ
つかり、縁が切れかけたこともあるけれど、今は本当に感
謝している。

　結婚し子供が産まれた今、夫と息子の存在は、わたしに
とってすべてであり、彼らと出逢えた、それだけで、人生
は最高に幸せだ。
　だからこそ、自分が先祖代々、受け継いだ使命をしっか
りと果たし、世の中に還元していけたら、嬉しいなと思う。

「ギフト」を胸に、今日もたくさん笑い、たくさん挑戦し、繋げていきたい。

 ## アウトプットを書いてみよう！

OUTPUT① ▶ あなたはこの回答をどう思いますか？

EX）家族には良いことだけではなく、悪い感情を抱くこともあるが、少なくとも今の自分があるのは家族や先祖がいてこそだと思った。

OUTPUT② ▶ あなたはそれに対しどう行動しますか？

EX）家族が最近どんなことを考えているのか、久しぶりに話しかけてみようと思った。

あなたにとって「愛」とはなんですか?

回答者

CEOセオ

愛とはズバリ許せることなのかと思います。

　母は子に対し無償の愛を注ぐと言います。子どもって本当に大変なわけです。食べ物をこぼしたり、夜泣きしたり、自分の自由をとにかく奪われます。普通、他の人だったら許せないですよね（笑）。でも許せる。それは母が子に対して愛があるから、ではないかと思うのです。ただこの例はあくまで行動に対しての仮説であって、愛そのものの理屈はわかりません。なぜ愛が生まれるのか。それはわからない。ただきっと「誰かを許す」ことに愛があるんじゃないか、というだけです。

　では愛は世界に必要でしょうか。きっと必要ですよね、許せるということがなかったら争いだらけになってしまいます。世の中が平和で健やかに人々が暮らしていくには愛

が必要です。世の中理不尽なことや辛いことはたくさんあります。でも愛を持って接していきたいものです。

 アウトプットを書いてみよう！

OUTPUT① **あなたはこの回答をどう思いますか？**

EX）愛という言葉には様々なイメージがあるが、愛を表現するのに「許す」という行為も含まれるのだと気づかされた。

OUTPUT② **あなたはそれに対しどう行動しますか？**

EX）家族や恋人に感じる愛を、自分がどのように表現しているか、もしくは表現できていないか、振り返ろうと思った。

12

あなたにとって 「ファッション」とは なんですか?

回答者

CEOセオ

ファッションとは流行という風に訳されることが多いですが、私の中で

ファッションとはクリエイティブ

であり、かつ戦略的なアウトプットの一つだと思います。

なぜあなたはファッションを気にするのでしょうか。異性への表現でしょうか、それとも自己満足でしょうか、はたまた洋服そのものに惚れ込んだからでしょうか。どんな答えでも良いと思います。なぜならあなたの表現を誰も否定する権利はないからです。

単純にファッション=流行という視点で考えてしまうと、表現の幅は狭くなってしまいます。みんなが同じように流れてしまうからです。これはファッション業界のビジネスがそういう風に動かしているだけであって、ファッション

"人類の敵"の CO₂ が"可能性の塊"に
ひっくり返る、目から鱗の地球の救い方！

火星に住むつもりです
～二酸化炭素が地球を救う～

A5判ソフトカバー ●1,650円　村木風海

発売即重版！

火星の青い夕陽を見るため、著者が小学生のときに始めた「火星を覆う空気中の95％の二酸化炭素を回収する研究」は、火星移住を叶えると同時に地球温暖化も解決！「江戸時代の暮らしに戻らないと温暖化は止められない」と悲観する多くの非理系人間のために、イラストをたっぷり使い、目から鱗の地球を救う方法をゆるっとふわっとわかりやすく解説。「二酸化炭素＝人類の敵」を逆手に取った、痛快でミラクルでエコな未来＆宇宙予想図！

火星に
住むつもりです
～二酸化炭素が地球を救う～

村木風海

光文社

空気中のCO₂から
ガソリンを作って、「地球を守り、火星を拓く！」

新書シリーズ累計34万部超、待望の漫画化第2弾！

マンガでわかる

パーソナリティ障害

岡田尊司（監修）松本耳子（漫画）

四六ソフトカバー●1,320円

精神科医が教える、性格の偏りを「個性」に変え、生きやすさを身につける鍵とは？

なぜこんなに嫉妬してしまうのか？なぜこんなに失敗が怖いのか？なぜ大事な人を振り回してしまうのか？……その生きづらさや悩み、不安の背景には「パーソナリティ障害」があることがわかってきました。正しい知識を得て、対応の仕方を知ることで「障害」は「パーソナリティ・スタイル」と呼ばれる「個性」として、その人を輝かせる魅力に変えることもできます。この本では、その工夫をお伝えします。

水周りが美しくととのうと、
暮らしのすべてが気持ちよく動き出す。

心をととのえる
水周りのインテリア

キッチン・洗面・バスルーム

加藤登紀子

B5判ソフトカバー●1,760円

リモートワーク、そして三食
家で食べる今だからこそ
ストレスフリーな水周りが
心とからだを強くします。

キッチン、洗面、バスルーム。手を洗
い、食事をつくり、入浴をする……。
2020年から誰もが向き合うことに
なった生活の変化で、家で過ごす
時間、ひいては水周りにいる時間が
劇的に増えました。使っては片づけ、
また片づける毎日……。水周りの空
間を単なる作業場所から喜びのある
心地よい「居場所」にすることは、た
しかな暮らしの底上げに繋がります。
強く美しく暮らすヒントを一冊の本にしました。心地よい水周りを手に
した方の日常、憧れの海外実例や風呂文化のDNAに出会う旅。
小さな工夫から、いつかは叶えたいリフォームのプランまでを網羅。
キッチン・ランドリー最新機器についての対談も必読です!

つつまし酒

あのころ、父と食べた「銀将」のラーメン

パリッコ

四六判ソフトカバー●1,650円

「酒を生活の中心とする知恵が満載。
断然おすすめです。」太田和彦氏・推薦!

光文社新書の公式noteでの連載をまとめた『つつまし酒』シリーズ待望の第二弾!「お酒」への逆風が吹くコロナ禍中に続けられた連載にあって、主に自宅やベランダを舞台に、シチュエーションやグッズ、お酒やつまみにこだわったり……と、気鋭の酒場ライター・パリッコがお酒をより貪欲に楽しむため、果敢に奮闘。酒場は自由に行けないけれど、日常に彩りをくれる「お酒にまつわる、自分だけの、つつましくも幸せな時間」について綴った"ほろ酔い"エッセイ集です。

アジアのある場所

B6変型ソフトカバー●1,430円

下川裕治

旅に出られない今、本を通してアジアの温かさ、居心地のよさを思い出してみませんか?

スパイスの香り、市場の喧騒、ゆったりと流れる時間……辺境滞在・国境越え・過酷な長距離鉄道制覇など、長年にわたり旅を共にしてきた相棒カメラマンによる現地写真も多数収録。リトルバンコクは忽然と消えた(荒川沖)/ミャンマー人の寿司屋に救われる日本人たち(浅草)/台湾の独立運動を支えたターローメン(池袋)/東京で出合う中央アジアのパン(中野)など。中国式揚げパン「油條」、タイの竹餅「カオラム」、シャン風揚げ豆腐「トーフジョー」など、家庭で楽しめるレシピコラムつき。

お問い合わせ:光文社ノンフィクション編集部 tel.03-5395-8172 non@kobunsha.com
商品が店頭にない場合は、書店にご注文ください。 ※表示価格は税込価格です。

という自由な表現とは真逆の発想だと思います。自分の意志があればどんな表現でも構わないはずです。是非あなたらしいファッションで自分を表現してみてください。

 アウトプットを書いてみよう！

OUTPUT① あなたはこの回答をどう思いますか？

EX）自分を表現するという動機より、無難にみんなと同じように見えるという動機でファッションを選んでしまうことも多いと思った。

OUTPUT② あなたはそれに対しどう行動しますか？

EX）自分の表現という視点で、無難な服装だけではなく、自分が何を着たいか、どう見られたいかから服を選んでみようと思った。

あなたにとって
「友情」とはなんですか?

 回答者

田村淳さん（タレント）

「友情」と聞くと『週刊少年ジャンプ』の漫画で描かれるような、永遠に続く深い繋がりをイメージする人が多いと思います。でも私はそんな友情は存在しないと思っています。

学生のころクラスで仲が良かったり、毎日遊んだりした友達であっても、社会に出るにつれてお互いの生き方の違いが大きくなり、関わる機会も減って、一緒に切磋琢磨できなくなってきます。思い出話に浸るのは好きじゃないですし、同窓会で昔のことを懐かしむ関係を友情と言うなら、友情なんていらない、そう思います。

友情という言葉に囚われすぎず、

目の前にいる人に必要とされるために生きていく方がよっぽど人生は充実する

はずです。

　そして、友情なんていらないと思っている人が、感覚が共鳴して、気づけば一生切磋琢磨しあえる本当に大切な相手と出会えたとしたら、そこに抱く感情こそが本当の友情なのだと思います。

 ## アウトプットを書いてみよう！

OUTPUT① あなたはこの回答をどう思いますか？

EX）「友情」は大切にしなければいけないと思い込んでいたが、それよりも目の前の人に必要とされ、助けることができるようになることの方が重要なのだと思った。

OUTPUT② あなたはそれに対しどう行動しますか？

EX）友情に甘えるのではなく、いつでも友達の力になれるように、自分ができることを一つでも増やしていこうと思った。

ゲスト
アンサー

あなたにとって
「失敗」とはなんですか?

回答者

田村淳さん(タレント)

　みなさんが私のことをどう見ているかはわかりませんが、私はこれまでの人生で失敗をしたことはないと思っています。それはやること全部がうまくいったとか、そういうことではありません。

　何かにトライしてうまくいかないことは当然何度もありました。だけどそんなとき、私は悔しさだったり、次に上手くやるための気づきだったり、必ず何かを得てきたと思っています。そんな風に感情が動けば、それは成功なのです。そこで不感症になって、

悔しさや気づき、感じることも何も無くなってしまったとしたら、それこそが失敗です。

周りの人が定義する失敗に振り回されず、自分の軸を持ってアクションしていれば、側から見れば「失敗している」行動であっても、必ず何かを得て、ポジティブに捉えられるはずです。

 アウトプットを書いてみよう！

OUTPUT① **あなたはこの回答をどう思いますか？**

EX）失敗はそれで終わりというイメージがあったけど、それを決めるのは自分なのだと思った。

OUTPUT② **あなたはそれに対しどう行動しますか？**

EX）誰かに失敗と言われることを恐れず、成功するまでの過程と捉えてチャレンジをしていこうと思った。

あなたにとって
「行動」とはなんですか?

回答者

田村淳さん（タレント）

　行動とは自分の興味や関心があったときに、すぐに動けることだと思います。一度、頭で考えて、ああでもない、こうでもないとシミュレーションして動くことは行動ではありません。

感情が高まった次の瞬間に
動き出せているか

　が大切です。一歩踏み出すことは私も怖いですし、どうなるかは当然わからないのですが、とりあえず一歩を踏み出す。成功している人は一歩踏み出しながら、同時にシミュレーションをしている人が多く、立ち止まって考えてしまうと差はどんどんついていくばかりです。

　私の友達を見回しても、椅子に座って何日も考え続けるような人はいません。考え続けて時間が経っていってしまう人とは、「同じ感覚では生きられないのかな？　一緒に

行動できないのかな?」と思ってしまいます。

心が動かされ、気になったらすぐに調べてみたり、その場に行ってみたり、誰かに聞いてみたりすること、それが行動だと思います。

 アウトプットを書いてみよう!

OUTPUT① **あなたはこの回答をどう思いますか?**

EX)悩んだり考えたりして熱が冷める前に、感情が高ぶったときに一歩を踏み出すことが大切なのだと思った。

OUTPUT② **あなたはそれに対しどう行動しますか?**

EX)「やりたい!」とか「面白そう!」とか、ポジティブに感情が高まったときには、「考えないで動くこと」を思い出そうと思った。

16

あなたにとって 「リーダー」とは なんですか?

 回答者

CEOセオ

　リーダーとは聞こえの良い、カッコいい言葉です。会社を牽引するリーダーなどトップのポジションのイメージが強いですね。

　一方で現実のリーダーは集団を代表し、たった1人で大きな決断を下さなければならない時があり、孤独がセットと言えるでしょう。リーダーとはたくさんの人と向き合うことのように感じますが、

本質的には自分との戦い

だと思っています。

　会社で言えばたくさんの社員をハッピーにするための責任はすべて1人で受け入れなければなりません。自分との戦いというのは嘘がつけません。本当のリーダーとはきっと表裏のないピュアな人じゃないと務まらないのではないでしょうか。

アウトプットを書いてみよう！

OUTPUT① あなたはこの回答をどう思いますか？

EX）リーダーは誰かを動かす、他人と向き合う人だと考えていたが、一歩考えを進めると、自分と向き合い続けなくてはいけないのだと思った。

OUTPUT② あなたはそれに対しどう行動しますか？

EX）誰かを引っ張って物事を進めなければいけないとき、自分は誰かのために自分と戦えているか、自分を評価してみようと思った。

あなたにとって「会社」とはなんですか？

 回答者

CEOセオ

　会社というのは簡単に言えば一人でやれない大きな事をチームで実現するために作られた箱です。

　また、その大きなことを成し遂げることによって得られる利益を、投資や大きな決断を下すなどのリスクを取った人に多く配分する仕組みがセットになっています。会社と一言に言っても自分がどのポジションにいるかによって視点も取れるリスクも大きく変わってきます。

　これはチームスポーツでも同じですね。野球で言えばピッチャーと外野、そしてレギュラーと補欠、プレイヤーと監督、はたまたその野球を見てくれる観客とスポンサー、みんな違った視点で同じ野球というスポーツに関わっています。

　会社も同じで、色々な立場の人が様々な視点で関わっています。

あなたがどうなりたいかによって会社での目指すポジションも変わってくる

でしょう。あなたはピッチャーですか？　それともスポンサーですか？

アウトプットを書いてみよう！

OUTPUT①　**あなたはこの回答をどう思いますか？**

EX）会社においても「自分が何をしたいか」という基準が大切なのだと思った。

OUTPUT②　**あなたはそれに対しどう行動しますか？**

EX）両親などの、会社で働いた経験のある大人に、どんなポジションでどんな視点を持っているのか聞いて、自分が目指したいポジションの参考にしようと思った。

\ THEME /

18

あなたにとって
「不安」とはなんですか?

 回答者 **はるくん／北の打ち師達（YouTuber）**

不安とは自分に自信がない状態だと思います。
不安を克服するためには

成功体験をたくさん積み、
自信をつける

ことが大事だと思います。自転車を乗ることに対して不安になる大人がほとんどいないのは何度も何度も乗ってきたという成功体験があるからです。そう考えた時、自分が今不安に思っていることについて自信がつくほど何かやってこれたかな？　と自分に問いかけるとそうでもない時があります。

　僕は職業をYouTube 1本にする時、とても不安だったので、大学3年生の時に寝る間も惜しんで動画を毎日アップし続けました。その結果少しずつ見てくれる人が増え、その日々が小さな成功体験となっていつしか不安がなくな

りました。またやり続けると「これで成功するかはわからないけれど失敗しても満足だ」と成功体験がなくても不安がなくなることがあります。不安なんて感じてる暇があれば目の前の小さな成功体験を一つずつ増やすのが不安をなくす一番の近道だと僕は思います。

 ## アウトプットを書いてみよう！

OUTPUT① ▶ **あなたはこの回答をどう思いますか？**

EX）将来のことなどに不安を覚えることが多いが、それは自分の自信、成功体験がまだ足りないからだと思った。

OUTPUT② ▶ **あなたはそれに対しどう行動しますか？**

EX）勉強を毎日続ける、SNSで毎日発信するなど、小さなところから成功体験を作り、自信を育てていきたいと思った。

19

あなたにとって「仕事」とはなんですか?

回答者 **はるくん／北の打ち師達(YouTuber)**

　仕事とは誰かのために自分の価値を提供することだと思います。そして対価としてお金を貰います。

　その仕事が自分のやりたいことだったら一番良いですよね。

　でも実際はやりたくないことをやって、生きるために仕事をしている人がほとんどだと思います。

　そんな時、

「これはやりたくないけど、誰かのためになってるんだ」

　とその人の顔を想像しながらやってみると少しずつやりがいを感じるかもしれません。

　僕は仕事で体を張るYouTube動画を撮ることが多く、毎回「ツラッ、2度とやらん」となるのですが、これを見て年齢も顔も知らない人が今日もどこかで笑ってくれてる

かもと思うとなぜかまた頑張れます。

 アウトプットを書いてみよう!

あなたはこの回答をどう思いますか?

EX) 自分の価値を発揮して、かつ、それが誰かのためになるような仕事にやりがいはあるのだと思った。

あなたはそれに対しどう行動しますか?

EX) 自分の価値が誰かのために発揮できものは何か、友達に聞いてみたりして可能性を探ろうと思った。

20

あなたにとって「努力」とはなんですか?

 回答者 **はるくん／北の打ち師達**(YouTuber)

　努力とは目標達成に向けて費やしてきた時間のことだと思っています。

　努力できる人、できない人とよく分けられると思うのですが、その基準は

「努力したことで自分に力が付いていると気づけるかどうか」

　だと僕は思います。

　努力できない……と悩んでいる人は自分の努力でどんな力が付いたか、1回ちゃんと立ち止まって考えてみるといいかもしれません。

　意外と努力する前と違った自分を知ることができてモチベーションに繋がります。僕はそうしてます!

アウトプットを書いてみよう！

OUTPUT① **あなたはこの回答をどう思いますか？**

EX）自分がした努力で何が変わったか、その結果を一度振り返ることが、努力を続ける上で大事なのだと思った。

OUTPUT② **あなたはそれに対しどう行動しますか？**

EX）今努力している部活だったり勉強だったりについて、その効果がどんな風に出たか、一度ノートに書きだしてみようと思った。

21

あなたにとって 「トラブル」とは なんですか?

 回答者

CEOセオ

　トラブルは誰しも嫌なものです。ただし解決できないトラブルというのはないんですよね。1年、10年続くようなトラブルというのはあまり存在しないと思います。もちろんトラブルの質が変わり長い間トラブルの中にいるような気持ちになることはあるかもしれませんが、基本的にトラブルは必ずどこかで解消されます。ではトラブルはいつ解消されるのでしょうか。

　私のこれまでの経験から、例えば仕事のトラブルは仕事でしか解決しない。プライベートのトラブルはプライベートでしか解決しないものだと思っています。

　トラブルを解決するには逃げずに

その事象に強く向き合うこと

以外にありません。ですからあまりネガティブに考えす

94

ぎず、必要な時間と思って真剣に向き合い解決することで
一つの達成を感じるくらいがちょうどよい、そんな風に気
楽に考えてはいかがでしょうか。

 アウトプットを書いてみよう！

OUTPUT① **あなたはこの回答をどう思いますか？**

EX）トラブルはトラブルの原因から逃げても解決しないのだか
ら、なるべくネガティブに考えすぎず、解決することを楽しむ姿
勢が大切なのだと思った。

OUTPUT② **あなたはそれに対しどう行動しますか？**

EX）今はトラブルに巻き込まれていないが、巻き込まれてしま
ったら、ネガティブな感情に引きずられて悩むのではなく、解決
策を考えることに集中しようと思った。

あなたにとって
「思考」とはなんですか?

 回答者

CEOセオ

　思考とはその人の考えであるわけですが、考えというのは深さと立体性があります。

　深いというのは例えば一つの物事に対して、とてもよく知っていて、その考えをクリアに述べることができるということです。専門家がそんなイメージでしょうか。たくさんの知識や理論を知っている感じです。

　立体性というのはもう少し抽象的な思考法です。まず物事を、起こった背景や原因など、できる限り小さな要素に分解して理解します。化学でいえば原子のようなものです。原子が組み合わさると分子になるように、別の物事の要素と組み合わせることで物事を違った角度で考えることができるようになります。これを立体的な思考と私は捉えています。

　少し難しいかもしれませんが、要は

物事をたくさんの方面から
理解しているかどうか

　ということでもあります。立体的な思考を持っていると何か物事を伝えるとき、例えることが容易です。なるべく思考は小さい単位の集合から理解していくことが大切です。この回答だけはお勉強のようになりましたね。頭の体操も大切です。

 ## アウトプットを書いてみよう！

OUTPUT①　**あなたはこの回答をどう思いますか？**

　EX）物事のいろんな面を考えることが大切なのだと思った。

OUTPUT②　**あなたはそれに対しどう行動しますか？**

　EX）考えるときに、自分に見えていることに加えて、他の立場の人にはどう見えているかなど、異なる視点で物事を考える時間を作ろうと思った。

ゲスト
アンサー

あなたにとって
「未来」とはなんですか?

回答者

坂本大典 さん（経営者）

これから先、世の中がどうなるのか。

そのとき、周りの人たちはどうなっているのか。

未来を予測することはできても、本当のところは誰にもわかりません。

こう言うと、不安に思う人もいるでしょう。

ですが、たった一つだけ、未来を思い通りにする方法があります。

自分で、自分の未来をつくるのです。

まずは、理想の未来を思い描くこと。

そして、理想の未来から逆算して、毎日少しずつでも必要な行動を起こすこと。

はじめは実感がないかもしれませんが、小さな変化を積

み重ねるうちに、「理想の未来」に近づいている自分に気づくでしょう。

　行動もせず、変化もせず、ただ未来が向こうからやってくるのを待っていれば、怖いのは当然です。

　未来を享受する側に回るのか、未来を創造する側に回るのか。
　人生は一度きり。自分で未来を創造しませんか?

 アウトプットを書いてみよう!

OUTPUT① あなたはこの回答をどう思いますか?

　EX) まずは「理想の未来」を思い描き、そのために自分がすべきことを見つけ行動するのが大切なのだと感じた。

OUTPUT② あなたはそれに対しどう行動しますか?

　EX) 理想の未来を思い描くために、社会のこと、世界のことをもっと調べて勉強し、自分がどうしたいか、どうなりたいかを考えてみようと思った。

ゲスト
アンサー

あなたにとって
「言葉」とはなんですか?

 回答者

坂本大典 さん（経営者）

　言葉は何のために存在するのでしょうか。

　言葉は、人と人とをつなぐためにあります。
　目に見えないあなたの思考や感情が、言葉を媒介にして
相手に伝わるのです。

　時に、あなたが放った言葉が知らない誰かに影響を与え、
その行動を変えることもあります。
　言葉には、思った以上に強い力があるのです。

　ただし、言葉をうまく使いこなすには「想像力」と「慎
重さ」が必要です。
　人がどう感じるかを想像できなければ、誰かを傷つける
こともある。
　慎重に言葉を選ばなければ、自分の価値を落とすことも
ある。

誰もがSNSを通じて自由に発信できる今、言葉の力を忘れている人が多いのではないでしょうか。

　想像力をもって、慎重に言葉を選ぶことで、あなたの発言には何倍もの重みが生まれます。
　言葉を武器に人生を切り拓いていけるかどうかは、あなた次第です。

 ## アウトプットを書いてみよう！

OUTPUT① **あなたはこの回答をどう思いますか？**

EX）誰かを傷つけるのではなく、誰かの心に届く言葉で話したいと思った。

OUTPUT② **あなたはそれに対しどう行動しますか？**

EX）身近で尊敬できる人や本、SNSも含めていろんな人の言葉に触れて、どんな風に語っているか、その言葉をどう感じるか、意識的に観察しようと思った。

あなたにとって
「情報」とはなんですか?

回答者

坂本大典 さん（経営者）

テレビ、スマートフォン、パソコン、書籍。
あなたは無意識にたくさんのものから情報を得ています。

ただし、情報には記憶に残るものと残らないものがある。
違いは、その情報をタグ付けして脳の引き出しにしまえるかどうかです。

「お笑い」が好きな人は、お笑いの情報がたまっていく。
「経済」に興味がある人は、経済の情報がたまっていく。

同じ情報に触れていても、引き出しの中身はまったく変わってくるのです。

だからこれからは、情報を蓄積するためのタグ、つまりは興味の幅を広げることを意識してください。
もっと大切なのは、人生で成し遂げたいことに自分なり

にタグを付けることです。

　そうすれば、世界中の同じ想いを持った人の発信から、叡智を取り込むことができます。
　その蓄積＝情報は、夢を叶えるための貴重な武器になるはずです。

 アウトプットを書いてみよう！

OUTPUT① **あなたはこの回答をどう思いますか？**

EX）漠然と毎日情報に接していたが、流れてくるものを追いかけるだけで、自分に必要な情報を積極的に得ようという意識はあまりなかったかもしれないと思った。

OUTPUT② **あなたはそれに対しどう行動しますか？**

EX）人生で成し遂げたいことから逆算して、それに必要なジャンルの情報を意識的に摂取していこうと思った。

26

あなたにとって「テクノロジー」とはなんですか?

回答者

CEOセオ

テクノロジーとは人が人の生活をより良くするために生み出されたものだと思います。ですからテクノロジーを利用して人の生活がより良くなっているかどうかがとても大切な評価基準です。

スマホによって人の生活ってどう変わったでしょうか。いつでもどこでも誰とでも繋がれるようになった。これはとんでもないイノベーションです。一方で依存症のように、スマホから片時も目を離せなくなるなどの、これまでにはなかった問題も新たに生まれていますね。そう考えるとより良くなったけれど、悪くなった部分もある。ですからテクノロジーというのは使い方次第ということです。

うまく利用できないならばそのテクノロジーに依存すべきではない

ですし、逆もしかりです。あなたはテクノロジーをうまく利用できていますか？

 アウトプットを書いてみよう！

OUTPUT① あなたはこの回答をどう思いますか？

EX）身近なところで、スマホを自分がうまく活用できているか、依存していないか気になった。

OUTPUT② あなたはそれに対しどう行動しますか？

EX）スマホを見ていて時間だけが経っているなど、うまく使えていない部分が見えたら、スマホを見ない時間を作るなど、依存しないようにコントロールしようと思った。

あなたにとって「外国」とはなんですか?

回答者

CEOセオ

そもそも外国といっても何が自国と違うのでしょうか。人でしょうか? 場所でしょうか? それとも言語でしょうか? 確かに違いはありますよね。

でも私が思う最も大きな違いは「育った環境が違う人がいる」ということです。それ以外は程度の差こそあれ、すぐに乗り越えられる違いです。そう考えると外国だからといって身構える必要なんてないんです。

ただ育った環境が違う人がいる、それだけです。

そもそもあなたの隣にいる友人も親でさえも厳密に言えば本当は育った環境は一人一人違うんです。同じ人はいません。だから悪いということはありませんよね。お互いのことを認めて、わかり合うことができるわけです。

そういう視点で外国を考えてみるともっと身近に楽しめ

る場所になるかもしれません。パスポートを持っていない若者が多いと言われますが是非たくさんの人々に出会うチャンスを摑んでください。

 アウトプットを書いてみよう！

OUTPUT① **あなたはこの回答をどう思いますか？**

EX）外国に対して身構える気持ちもあったが、育った環境が違うだけで、同じ人間がいるだけと考えると、コミュニケーションを取ることを想像して楽しく感じた。

OUTPUT② **あなたはそれに対しどう行動しますか？**

EX）韓国出身の好きなアイドルを生んだ環境などの視点から情報を調べて、どんどん外国に興味を持ってみたいと思った。

\ THEME /

28

あなたにとって
「貧困」とはなんですか？

 小林りんさん（教育アントレプレナー）

　私は「貧困」は、残念ながら多くの人にとって、機会（チャンス）の不平等を意味しているように思います。

　世界中で12億以上の人々が１日わずか１ドル（100円程度）で生活しています。そう聞いても、遠い外国のことのように思えて、ピンとこないかもしれません。

実は、日本にも「貧困」は存在します。

　世帯の所得が、国の平均の半分以下である場合を指して「相対的貧困」と呼びます。日本では、７人に１人の子どもがこうした家庭に暮らしているのです。

　たまたまそういう環境に生まれたというだけで、十分に食事がとれなかったり、満足のいく教育が受けられなかったり。私は、「貧困」が「機会の不平等」に繋がらないように、一人一人が行動できることをしなくてはならないと

考えます。私が経営する学校では、毎年、生徒の7割に奨学金を給付しています。どんな家庭環境に育った子どもでも、等しくチャンスのある社会を、教育の現場を通じて実現していきたいと思っています。

 ## アウトプットを書いてみよう！

OUTPUT① あなたはこの回答をどう思いますか？

EX）身の回りにも貧困が確実に存在し、不平等があることを自分は見えていなかったと思った。

OUTPUT② あなたはそれに対しどう行動しますか？

EX）「機会の不平等」という言葉について調べ、「貧困」がどういう状態なのか、自分ができることはないのか、考えようと思った。

あなたにとって「社会」とはなんですか?

 回答者　**小林りんさん**（教育アントレプレナー）

　私は「社会」とは、そこに属することで、分かちあったり、支えあったり、お互いの成長を助けあうものであって欲しいと考えます。ただ、「日本社会」とか「男社会」と聞くと、皆さんはどんな印象を受けるでしょうか?

　私は、もし今「社会」が、画一的な価値観をそのメンバーに対して押しつけていたり、困っているメンバーを十分にサポートできていないのであれば、とても残念だなと感じます。一人で生きた方が楽だと引きこもる人や、こんな社会では生きられないと自殺する人が、この数十年で増えているとしたら……。

　国に何とかして、というのは簡単です。でも、実はこの社会を作っているのは、私たち一人一人なのだという当事者意識も重要だと考えます。

政治がおかしいのであれば、

投票に行く。価値観が窮屈なのであれば、違う価値観を発信する。

　インターネットが普及してSNSが発達した今、私たち一人一人がもつ可能性、人と繋がって発揮できる力は、10年前とは比べ物になりません。そんな今、私たち一人一人は、果たして何をすべきでしょうか？

 アウトプットを書いてみよう！

OUTPUT① あなたはこの回答をどう思いますか？

EX）どちらかというと「社会」は国がどうにかするものという意識が自分は強かったと思った。

OUTPUT② あなたはそれに対しどう行動しますか？

EX）いろんな価値観の人が発信している言葉に触れて、自分なりの意見を持って選挙に参加したり、場合によっては発信をしたりしようと思った。

あなたにとって 「勉強」とはなんですか?

 回答者　**小林りんさん**（教育アントレプレナー）

　私にとって「勉強」とは、自分らしい人生を生きるためのエナジーステーションです。小学校や中学校にいる間は、そんなことを考えたことはありませんでした。「勉強」の意味を強烈に自覚し始めたのは、日本の公立高校を中退して、奨学金をいただいて単身カナダへ留学した時です。

　日本では三者面談のたびに苦手分野を指摘されて辟易（へきえき）としていましたが、カナダの学校では「あなたは何が得意なの？　将来何になりたいの？」と、先生からも友達からも、聞かれ続けました。そして自分に問い始めたのです。私はなぜ今ここで勉強しているのだろう？　と。目的が見えてきたら、急に勉強が楽しくなったのを覚えています。

　社会人になってからも「勉強」は続きました。30歳手前で、仕事と自分の興味に乖離（かいり）がでてきて、昔から関心のあった教育分野へ転職するために、大学院で初めて教育学を学びました。結果、学校を創るという突拍子もない事業に挑むことになるのですが、それがある程度軌道に乗ってく

ると、40歳を過ぎてまた大学院に行きます。次の10-20年で何をやりたいのか……を見つけるために、それに必要な知識を手に入れるために。

人生100年時代。皆さんの時代は、目まぐるしく変化するエキサイティングな時代です。自分らしい人生を生き続けるために、「こんなことできるようになりたいな」を何度でもいつでも「勉強」し直せるように、常に自分に聞いてみてあげてください。私はどういう人生を生きたいのだろう？　と。

 アウトプットを書いてみよう！

OUTPUT① あなたはこの回答をどう思いますか？

EX）勉強はテストや受験があるからやるもので、自分が何が得意で何をしたいかという観点で勉強をしたことはないと思った。

OUTPUT② あなたはそれに対しどう行動しますか？

EX）なぜ今勉強しているのか、それが将来自分の役にどう立つか、一度整理してみようと思った。

あなたにとって 「運動」とはなんですか?

回答者

CEOセオ

運動は必ずしましょう。運動によって体は確実に健康になっていきます。

そもそも体というのは使わなければ衰えていくものです。いつまでも肉体は健康をキープしてはくれないのです。

また、

運動というのは習慣にしなければ続きません。

なぜなら面倒臭いからです (笑)。是非習慣にしましょう。そして心と身体を常に健康状態にしておくこと。何をやるにしてもとても大切なことです。

ちなみに自分の体を鏡でたくさん見ると良いですよ。体型の変化だったり、健康かどうか実は見た目だけでもわかることは多いです。人というのは本当によくできていますね。辛いけどジムに行ってきます!

アウトプットを書いてみよう！

あなたはこの回答をどう思いますか？

EX）運動には習慣づけが大切なのだと思った。同様の考えは、勉強などにも応用できると思った。

あなたはそれに対しどう行動しますか？

EX）自分を高めるための習慣を一日のこの時間に行うというように、スケジューリングしようと思った。

32

あなたにとって
「別れ」とはなんですか?

 回答者

CEOセオ

別れというのは寂しいものです。
別れるとはシンプルに言えば、

その人へ使う時間がゼロに
なる

ということです。別れる前までどのくらいその人と時間
を共有していたでしょうか。その時間が突然ゼロになる。
その人との時間が大切なものであればあるほどロスは大き
くなります。逆にそれほど濃密な時間を共有していないな
らばその別れはそれほど苦にはならないでしょう。

ですから大切な人との別れというのは取り返しがつかな
いことになります。ただ人は常に出会い、別れ、成長し続
けています。一つの別れが新しい出会いを生み出すことも
ある。すべての別れが決して自分の人生にマイナスになる
ということではないと思います。

また今はネット社会、本当の別れというのは減っているように感じます。そのくらい繋がりが半永久的に担保されている時代です。是非うまくネットを活用して大切な人との時間を積み上げていきましょう。

 アウトプットを書いてみよう！

OUTPUT① **あなたはこの回答をどう思いますか？**

EX）確かにネットでつながっているので、あまり別れを意識することはないが、「その人へ使う時間がゼロになる」という観点からみると、そういうかつての友人は多いな、と思った。

OUTPUT② **あなたはそれに対しどう行動しますか？**

EX）一緒に時間を積み上げていきたい相手に対しては、リアルでもネットでもきちんとつながっていこうと思った。

\ THEME /

(33)

あなたにとって
「好き」とはなんですか?

 回答者

飯田祐基 さん（起業家）

私にとっての「好き」は

メリットやデメリットを考
えずに選択できる物事

です。

僕は、ほとんどのことに対してメリットとデメリットを
考えて選択をし行動します。

身近なことで言うと何を食べるか、何をするかも同じで
す。

例えば、外出時の服を選ぶ際にも「これを着たら周りか
らどう見られるか。暑すぎないか？ 寒すぎないか？」な
ど色々なことを考えて最終意思決定を行います。

しかし、その中でも「好き」は特別です。ちょっとくら
い変に見られても「好き」な服を着ますし、ちょっとカロ

リーが高くても「好き」な食べ物を選んで食べます。

　僕は仕事においても、「好きなことで生きていく」というのをモットーにしているので、「好き」を活かせる様に周囲を巻き込んだり化学反応を起こせる様に考えて実行しています。

 ## アウトプットを書いてみよう！

OUTPUT① あなたはこの回答をどう思いますか？

EX）「好き」を生き方にまで突き詰められたらカッコいいと思った。

OUTPUT② あなたはそれに対しどう行動しますか？

EX）自分が日々の選択の中で、どれくらい「好き」を判断基準にしているか、振り返ってみようと思った。

③34

あなたにとって
「SNS」とはなんですか?

| 回答者 |

飯田祐基さん（起業家）

　僕にとって「SNS」とはビジネスを行うのに不可欠なものになっています。

　その為、みなさんにとっての「SNS」と自分にとっての「SNS」はちょっと違うかもしれません。

　僕はほとんどの仕事を「SNS」を利用して行っていて、例えば人材獲得・タレントのスカウト・営業など全てを「SNS」で行っています。

　リアルの世界と同じで、SNS上での立ち振る舞いも人柄が顕著にでます。特に、僕と仕事をしている人達はYouTuberやインフルエンサーの方達が主なので、尚更です。その為、仲良くなる前や仲良くなってからも、その人がどういう人なのかを事前にSNSを使ってリサーチしたり、リアルな近況や情報を確認しています。つまり僕にとって

「SNS」とはまさに「名刺」そのもの

です。

 アウトプットを書いてみよう！

OUTPUT① あなたはこの回答をどう思いますか？

EX）SNSが「名刺」だというのは、自分がフォローしている人たちを考えると納得した。

OUTPUT② あなたはそれに対しどう行動しますか？

EX）「名刺」として自分の人となりを伝えられるような投稿を増やそうと思った。

ゲスト
アンサー

あなたにとって「クリエイティブ」とはなんですか?

| 回答者 | **飯田祐基 さん**(起業家) |

僕にとっての「クリエイティブ」とは自分の中にある

経験・感情・才能をアウトプットすること

だと考えています。

近年、YouTuberはクリエイターと表現されていますが、まさにYouTuberは僕の思う「クリエイティブ」を体現している存在だと考えていて、人によっては毎日映像制作を行い自分を表現しています。

またクリエイティブには、境目などはなく音楽・映像・文章などジャンルを問う必要はありません。自分の内に秘めているモノを世に出して、人から共感や意見をいただけるクリエイティブが僕は大好きです。この快感は体感しないとわからないと思うので、皆さんもぜひクリエイティブなことに打ち込んで挑戦してみてください!

アウトプットを書いてみよう!

OUTPUT① **あなたはこの回答をどう思いますか?**

EX) クリエイティブを行うことの快感に興味を持った。

OUTPUT② **あなたはそれに対しどう行動しますか?**

EX) 日々の生活で心が動いた風景など、スマホで撮影してSNS
に投稿してみようと思った。

36

あなたにとって「絶望」とはなんですか?

 回答者

CEOセオ

　手元の辞書で引くと、絶望とは「希望を全く失うこと、望みが絶えること」と書いてあります。確かに希望を失い、望みが絶えるというのは辛い。想像するだけでしんどいですよね。

　でも裏を返せば希望を新たに持ち、望みを生み出せればその辛さはなくなるわけです。本当に辛いのは絶望という言葉そのものの状況ではなく、

希望を生み出せない自分

ではないでしょうか。

　もしも絶望感を感じることがあればどんなに小さなことでも良いので新しい希望を持ってみるのはいかがでしょうか。そんなに大それた希望である必要はないですよ。

　あなたの周りにたくさんの支えはあるでしょう。気づいていないだけです。きっと新しい希望の芽はすぐに生まれてきます。本当の絶望なんて世の中に存在しない、という

のが本当のところだと思います。

 アウトプットを書いてみよう！

OUTPUT① あなたはこの回答をどう思いますか？

EX）希望も絶望も状況ではなく、自分の中にある、ものの見方なのだと思った。

OUTPUT② あなたはそれに対しどう行動しますか？

EX）もしも絶望的と感じる状況に陥ったとき、たとえ小さな希望でも見つける努力をしようと思った。

37

あなたにとって 「大切な人」とは なんですか？

 回答者

CEOセオ

大切な人の定義は何になるでしょうか。
私にとって

大切な人というのは自分自身の中に溶け込んでいる人

ではないかと思っています。一心同体というか、その大切な人がもしもいなくなったらそれはもう今の私ではなくなるということです。

今まで生きてきた中でたくさんの人と出会い別れ今があります。そのすべてが自分の中にあるわけですが、大切な人はその中でも非常に大きく、私自身を形成している人たち。その大切な人が居なくなることは自分の一部を失うことにもなります。

同様にみなさんのこれからの人生はそうした大切な人たちによって形成されていくと思います。ひとつひとつ大切

にしましょう。自分自身なのですから。

 アウトプットを書いてみよう！

OUTPUT① **あなたはこの回答をどう思いますか？**

EX）大切な人を大事にすることは、自分自身を大切にすること
につながるのだと思った。

OUTPUT② **あなたはそれに対しどう行動しますか？**

EX）自分を大切にするように、人に対して接することができる
か、考えてみようと思った。

ゲスト
アンサー

あなたにとって「孤独」とはなんですか?

回答者

紀里谷和明さん

君は一人で生まれてきて、一人で死んでゆく
人はそもそも孤独なんだ
それを悲しいと思うのか、寂しいと思うのか
本当にそうだろうか?
孤独とは言い換えれば自由だ
素敵なことではないか
集団なんて幻想だ
孤独があるから自分がある
孤独を迎え入れてみてはどうだろう?
そうすれば寂しくなることはない
孤独を知っていれば愛を受け入れられる
そうすれば世界は美しい

アウトプットを書いてみよう！

OUTPUT① あなたはこの回答をどう思いますか？

EX）自分は孤独を受け入れる準備がまだできていないかもしれ
ないと思った。

OUTPUT② あなたはそれに対しどう行動しますか？

EX）スマホも使わない、自分だけの時間を毎日10分でも持とう
と思った。

あなたにとって 「挑戦」とはなんですか?

回答者

紀里谷和明さん

この世界に生まれてから死ぬまでの間、君は何をするのだろう?

何をしてもいい、何をしなくてもいい

でも、君が何かをすると決めたとしよう

誰かに言われたことをやるのか、自分が決めたことをやるのか?

どちらでもいい

しかし、そのどちらを選んだとしても、何かをしようとする君の前には壁が現れる

大きな壁、小さな壁、絶対に現れる

否定する声、笑う声、無理だという声

その声は人からも聞こえるし、自分の中からも聞こえてくる

その声を打ち消して、次から次に現れる壁を超えることが挑戦である

アウトプットを書いてみよう!

OUTPUT① あなたはこの回答をどう思いますか?

EX)ネガティブな声に負けず、一歩ずつ進むことが大切なのだと思った。

OUTPUT② あなたはそれに対しどう行動しますか?

EX)早起きしての勉強やランニングなど、自分にとってのちょっとした挑戦を日々行い、壁を超える訓練をしようと思った。

ゲスト
アンサー

あなたにとって
「感動」とはなんですか?

回答者

紀里谷和明さん

生まれてから死ぬまで、君は何を手に入れるのだろう?
卒業証書、給料、恋人、フォロワー数
なんでもいい
でもそれらは本当にリアルなのだろうか?
死ぬ時に、君はそれらを持っていけるのだろうか?
所詮それらは何かを感じるための道具でしかない
嬉しい、楽しい、悲しい、寂しい
ありとあらゆる感情を感じるために君はこの世界に生ま
れてきたのではないのか?
そして、それらの感情の中で記憶に残ったものを感動と
呼ぶ
人からもらった感動
自分の挑戦が生み出す感動
感動がなくてもいい
でも感じられないままこの世界を去ることを君はどう思
う?

アウトプットを書いてみよう！

OUTPUT① あなたはこの回答をどう思いますか？

EX）よく考えてみると、出来事や数字などに囚われて、自分が
どんな感情を覚えたかは忘れてしまうことが多いと思った。

OUTPUT② あなたはそれに対しどう行動しますか？

EX）日々の中で、自分はどんなことに感動するのか、意識しよ
うと思った。

エピローグ

　連続起業家として、またアーティストとして生きてきた私にとって、企業も楽曲も私が発表してきたすべてのアウトプットは「アート」です。アートの語源はラテン語で人間の「技」や「技術」を意味する「ars」という言葉だと言われています。私にとってアートは、まさに「自分の人生を生きるための技術」です。

　誰もがアーティストになる未来に、私が大きな希望を持っているのはその点です。アウトプット＝アートという技術を磨くことで、個人がより自由に、自分の意思で生きることができる、そんな日が来ることが楽しみで仕方ありません。

　この本がそんな未来を生きるみなさんに少しでも役立ってくれればとても嬉しく思います。

　最後に、結びの言葉にかえて、私が発表した『風』という楽曲の歌詞を掲載します。

　みなさんが自由に、後悔なく、自分のやりたいことに挑戦できることを願って。

『風』

僕ら今この時代の中で
何を求めて生きていくのか
勝ちや負けじゃない
あいつやこいつじゃない
そうだよ　僕だよ　I have to go
この道は　自由に描けるはずさ

Be Crazy
Can be Can be Let me out
関係ないよ　限界ない
個の自由　誰も邪魔できない　叫ぼう
描こう　摑もう　風を　woh
やり残さぬよう　進むんだ

いつの間にか鳥籠の中で
餌を待つようになってたのか
受け身になってない？
決まったレール乗ってない？
終わりだよ　飛び立とう　I ride the wind

いつからでも

Be Crazy
感じたきゃ　踏み出す
やってみよう　後悔なく
個の自由　誰も邪魔できない　叫ぼう
描こう　摑もう　風を　woh
やり残さぬよう　進むんだ

ダメと知りつつ　生かし続ける
矛盾や葛藤　彷徨った
枠から飛び出そう
出会えるはずさ

さぁ行こう

Be Crazy
Can be Can be Let me out
関係ないよ　限界ない
個の自由　誰も邪魔できない　叫ぼう
描こう　摑もう　夢を　woh
やり残さぬよう　進むんだ

CEOセオ　佐藤俊介（さとう・しゅんすけ）

連続起業家兼アーティスト。

起業家としてはスタートアップの連続起業を行い、デジタルホールディングスやトランスコスモスなどに複数の会社を売却。ビーグリーで株式上場も経験する。

2016年より東証一部上場企業のトランスコスモスの取締役CMOとして企業経営に参画。2019年からはCEOセオ名義で01MUSICからデビュー。

ホリエモンこと堀江貴文とのデュオユニット、ホリエモン＆CEOセオとして「NO TELEPHONE」「TOKYO」を発表し話題に。明日花キララ＆CEOセオ「モザイク」など、メッセージ性の強い楽曲を発表するプロデュース型アーティスト。

2030年の教科書
今日から始めよう　能動アウトプット術

2021年10月30日　初版第1刷発行

著　者	CEOセオ　佐藤俊介
構　成	仲本剛
カバーデザイン	山之口正和（OKIKATA）
本文デザイン	山之口正和＋沢田幸平（OKIKATA）
組　版	堀内印刷
印刷所	堀内印刷
製本所	ナショナル製本
発行者	田邉浩司
発行所	株式会社 光文社
	〒112-8011　東京都文京区音羽1-16-6
	電話　編集部 03-5395-8172
	書籍販売部 03-5395-8116　業務部 03-5395-8125
	メール non@kobunsha.com

落丁本・乱丁本は業務部へご連絡くだされば、お取り替えいたします。